An tIomaire Rua

*Cogadh na Saoirse
i dTuaisceart Chonamara*

Best wishes Patrick
Enjoy Connamara
from Tom M Mla ate
2009

An tOllamh Tomás Ó Máille
1880-1938

An tIomaire Rua

Cogadh na Saoirse
i dTuaisceart Chonamara

An tOllamh Tomás Ó Máille

Máirtín Ó Cadhain a chóirigh
an t-eagrán nua seo

AN GÚM
Baile Átha Cliath

An chéad eagrán 1939
An t-eagrán nua seo:
© Foras na Gaeilge, 2007

ISBN 978-1-85791-669-0

Aongus Ó Coileáin agus Printset & Design Teo. a rinne an clóchur.
Printset & Design Teo. a chlóbhuail in Éirinn

Buíochas:
Táthar buíoch díobh seo a leanas:
Comhlacht Oideachais na hÉireann, a d'fhoilsigh an buneagrán; Muintir Uí Mháille; Sheila Mulloy, Cathair na Mart (staraí Mhuintir Uí Mháille), a thug grianghraif luachmhara agus eolas dom; Micheál agus Martin Laffey, Muintir Eoghain Thoir, a thaispeáin láthair tí na Máilleach dom, agus a thug do dtí an phluais i nGabhlán na Lí mé, agus a chuidigh le heolas léarscáilíochta; Sal O'Malley McInerney (nach maireann); Emer agus Shane Joyce; Mary Joyce; Kathleen Villiers-Tuthill; Tommmy Whelan, an Clochán; Micheál Ó Catháin, a rinne taighde faoi ghrianghraif agus shleachta as nuachtáin; Leabharlann Náisiúnta na hÉireann; An Chartlann Náisiúnta Grianghrafadóireachta; Suirbhéireacht Ordanáis Éireann; Breandán Ó Madagáin; An Brainse Logainmneacha as ucht leaganacha údarásacha de roinnt mhaith de na logainmneacha a sholáthar le haghaidh an leabhair, agus go háirithe de Dhónall Mac Giolla Easpaig a thug eolas faoi áiteanna ar an léarscáil; An tOllamh Ruairí Ó hUiginn; Tim Robinson; Nollaig Ó Gadhra; Hans Werner Meis, Gleann Ghlais; grianghraif de Chnoc Maol Réidh le caoinchead Chlub Sléibhteoireachta Ollscoil na hÉireann, Gaillimh; grianghraif J.J. Leonard le caoinchead Anthony Leonard (cóipcheart); *An Curadh Connachtach*; *The Irish Independent*; *The Kerryman*.

Le fáil ar an bpost uathu seo:
An Siopa Leabhar,   nó   An Ceathrú Póilí,
6 Sráid Fhearchair,   Cultúrlann Mac Adam-Ó Fiaich,
Baile Átha Cliath 2.   216 Bóthar na bhFál,
ansiopaleabhar@eircom.net   Béal Feirste BT12 6AH.
                                               leabhair@an4poili.com

Orduithe ó leabhardhíoltóirí chuig:
Áis,
31 Sráid na bhFíníní,
Baile Átha Cliath 2.
eolas@forasnagaeilge.ie

An Gúm, 24-27 Sráid Fhreidric Thuaidh, Baile Átha Cliath 1.

Clár

Nóta faoin Eagrán Nua

SEO EAGRÁN NUA DE *An tIomaire Rua*, a foilsíodh den chéad uair in 1939. Is fada as cló é. Tá líon mór grianghraf curtha san eagrán nua seo, mar aon le léarscáil den mhórcheantar lena mbaineann scéal an leabhair, agus léarscáil den cheantar ina raibh teach na Máilleach i Muintir Eoghain, i nGleann an Mháma i dtuaisceart Chonamara. Tá cuntais curtha ann ó Óglaigh, mar aon le cuntais as nuachtáin na linne. Cuireadh roinnt mhaith nótaí nua leis an téacs agus tá siad sin i gcúl an leabhair, idir lúibíní cearnacha. Tá réamhrá leis an Ollamh Gearóid Ó Tuathaigh ann; na nótaí atá leis an réamhrá sin, tá siad ina dheireadh.

Cuireadh an litriú caighdeánach i bhfeidhm ar an téacs agus tugadh cuid mhaith den ghramadach chun caighdeáin ach fágadh roinnt bheag foirmeacha canúnacha ann. Leaganacha táite atá ag an údar sa bhuneagrán i gcás an chéad phearsa iolra agus an tríú pearsa iolra d'aimsirí difriúla den bhriathar (e.g. d'imíomar, bheimis, ghabhadar, etc.), agus fágadh iad sin mar a bhí. Leaganacha an Bhrainse Logainmneacha de na logainmneacha a cuireadh i bhfeidhm.

Tá tuilleadh eolais faoi áiteanna a luaitear sa leabhar le fáil sna foilseacháin seo: Tim Robinson, *Connemara Map and Gazeteer*, eagrán nua (Gaillimh: Folding Landscapes, 2005); an léarscáil in Joss Lynam agus Tim Robinson, *The Mountains of Connemara* (Gaillimh: Folding Landscapes, 1988); na léarscáileanna (bileoga) seo a leanas i 'Sraith Eolais' Shuirbhéireacht Ordanáis Éireann: 37, 38, 45.

Réamhrá an Eagráin Nua

NUAIR A BHÍ TOMÁS Ó MÁILLE ag dréachtú an tsaothair seo sna fichidí den aois seo caite, bhí le rá aige nach raibh mórán i gcló ar eachtra Chogadh na Saoirse in Éirinn i mBéarla, agus nach raibh rud ar bith i gcló faoi i nGaeilge.[1] Faoin am ar foilsíodh *An tIomaire Ruadh* sa bhliain 1939, is beag athrú a bhí tagtha ar an scéal: cúpla cuntas i mBéarla agus insint amháin i nGaeilge a bhí foilsithe faoin am sin.[2] Ó shin i leith, áfach, agus go háirithe le scór go leith blianta anuas, tá méadú mór tagtha ar uimhir na bhfoilseachán ar Chogadh na Saoirse in Éirinn, cé gur tearc i gcónaí an soláthar i nGaeilge ar an ábhar seo, nó, go deimhin, ar aon ghné eile de stair na tíre. Leis an bhfás as éadan atá tagtha ar thaighde staire agus ar fhoilsiú leabhar agus alt ar thréimse na réabhlóide (1912-23) in Éirinn, tá ár n-eolas ar Chogadh na Saoirse i bhfad níos iomláine agus níos cruinne anois ná mar a bhí sé glúin nó dhó siar.

Tá cuntais ghinearálta againn ar an gCogadh, ina bhfuil an ghné pholaitiúil agus an ghné mhíleata den eachtra pléite go tuisceanach.[3] Tá cuimhní cinn againn.[4] Gné thábhachtach den fhorbairt seo ar fhoilsiú torthaí taighde, an líon mór scoláirí atá ag plé leis an stair logánta le breis is scór blianta anuas. Tá an ghné logánta de Chogadh na Saoirse á saothrú go tréan le blianta beaga anuas, agus torthaí an taighde á bhfoilsiú de réir a chéile.[5] Chomh fada is a bhaineann sé le Gaillimh, tá leabhair théagartha foilsithe ar ghnéithe éagsúla de stair mhíleata, eacnamaíochta, shóisialta agus pholaitíochta an chontae sna blianta tosaigh den fhichiú haois, agus tá taighde déanta ar ghnéithe faoi leith de Chogadh na Saoirse sa chontae.[6] Agus, is féidir a bheith ag súil le tuilleadh foilseachán sa ghort seo sna blianta atá amach romhainn, go háirithe ó tá *Biúró na Staire Míleata* — cartlann thábhachtach a bhí dúnta ar feadh i bhfad — oscailte don phobal ón mbliain 2003 i leith.

I bhfianaise an taighde agus na bhfoilseachán seo ar fad le dhá scór blianta anuas, thuigfí don té a cheapfadh go gcaithfeadh leabhar beag a scríobhadh sna fichidí faoi eachtra a tharla i dTuaisceart Chonamara le linn Chogadh na Saoirse, a bheith as dáta, nó easnamhach, ar bhealaí éagsúla. Ach ní mar sin atá an scéal in aon chor. Tá tábhacht i gcónaí le leabhar Thomáis Uí Mháille. Bhí cuspóir faoi leith aige agus an cuntas seo (a fágadh gan a bheith críochnaithe nuair a cailleadh é) á scríobh aige, faoi mar a d'admhaigh sé sa Réamhrá don chéad eagrán:

> Ní móide [...] go bhfuil gníomh mór gaisce le n'aithris againne, ach mar sin féin bhaineamar macalla as na cnoic, cúpla babhta. Agus bhí muintir na gcnoc chomh dílis dúinn agus don mháthairthír agus go mba cheart go mbeadh a n-ainm ar fáil ar rolla na ndaoine a rinne a gcion d'Éirinn ar a cruóg.

Is díol suime an leabhar seo, i gcónaí, ó thaobh na staire agus ó thaobh na Gaeilge de. Baineann a thábhacht, cuid mhaith, le cáilíochtaí agus le carachtar an údair, lena stíl agus lena mhodh reacaireachta. Is beag tagairt atá déanta do leabhar Thomáis ag staraithe a bhfuil ábhar foilsithe acu ar Chogadh na Saoirse. Cuid den mhíniú ar an bhfaillí seo, b'fhéidir, an sárleabhar eile ar 'scéal na Saoirse' i gConamara, *Mise*, le Colm Ó Gaora, a foilsíodh sa bhliain 1943, leabhar a ndearnadh tagairt dó go minic ó lá a fhoilsithe i leith. Ach tá a mbuanna féin ag an dá leabhar, agus is maith ann iad an dá leabhar mar chuntais ar imeachtí stairiúla na tréimhse sin.

Rugadh Tomás Ó Maille ar an 30 Márta 1880, i Muintir Eoghain, cúpla míle aniar ón Líonán i nDúiche Sheoigheach, fearann dúchais ag na Máilligh leis na cianta.[7] Micheál Ó Máille agus a bhean, Sorcha (Seoigheach as ceantar an Líonáin), a thuismitheoirí. Saolaíodh trí dhuine dhéag do Mhicheál agus Shorcha; ba é Tomás an t-ochtú duine clainne díobh. Mhair naonúr den chlann: Micheál, Máire, Caitlín, Sinéad, Sorcha, Peadar, Pádraic, Tomás agus Éamann.

Dála a gcol ceathracha soir an bóthar uathu i gCoill Mhíolcon, teaghlach gustalach a bhí i Máilligh Mhuintir Eoghain; gabháltas isteach is amach le trí chéad acra, le beostoc agus caoirigh, teach fairsing dhá stór, stáblaí agus sciobóil, fir oibre ar pá acu. B'acmhainn do na Máilligh i nGleann an Mháma oideachas maith a thabhairt dá gclann: bhí glúin Thomáis féin, agus na glúinte a lean é, láidir i ngairmeacha an leighis, an dlí agus an léinn, sa bhaile agus i gcéin. Ba í an Ghaeilge teanga choiteann na dúiche, go háirithe ag an gcosmhuintir. Teaghlach dhátheangach a bhí i Muintir Eoghain, fearacht theaghlaigh eile na haicme gustalaí i gConamara ag an am. Ach is cosúil go raibh meas ar an nGaeilge sa teaghlach agus Tomás ag éirí aníos.

Bhí luí ag Tomás leis an léann dúchais ón am a raibh sé ina stócach. Fuair sé bunoideachas go háitiúil agus neart cúnaimh sa bhaile, nó go raibh sé réidh chun scrúdú an Mháithreánaigh don Ollscoil Ríoga a sheasamh sa bhliain 1902. Bhain sé an chéim B.A. amach sa bhliain 1905, tar éis dó tabhairt faoi na scrúduithe (sa Cheiltis, sa Bhéarla, sa Mhatamaitic agus san Fhisic Mhatamaiticiúil) mar mhac léinn príobháideach. Leis an gCeiltis a bhí a luí acadúil, áfach, agus sa bhliain 1904 thosaigh Tomás ag freastal ar ranganna i Scoil an Ard-Léinn Ghaeilge, a bunaíodh i mBaile Átha Cliath an bhliain roimhe sin. Ag an Scoil seo, a raibh ardscoláirí mar Kuno Meyer agus John Strachan á stiúradh, a thosaigh Tomás ag saothrú an Léinn Cheiltigh i gceart.

Fad is a bhí sé ag staidéar i mBaile Átha Cliath, bhí Tomás i mbun pinn, ag scríobh aistí don Oireachtas, ag soláthar colúin i nGaeilge do *The Freeman's Journal* (idir mí Iúil agus mí Dheireadh Fómhair 1906) agus d'irisí eile, agus (i bpáirt lena dhearttháir, Micheál) ag cur eagair ar chnuasach d'amhráin Ghaeilge as Dúiche Sheoigheach, *Amhráin Chlainne Gaedheal*, a foilsíodh sa bhliain 1905. Idir iriseoireacht agus léann, ba léir go raibh fuinneamh agus féinmhuinín ag an Máilleach óg. Thug scoláireacht taistil deis do Thomás dul le taighde. Chaith sé an bhliain acadúil 1906-07 ag obair don M.A. faoi Strachan i Manchain Shasana, cuid de shamhradh 1907 in Freiburg na Gearmáine (ag staidéar faoi Thurneysen), agus cuid den bhliain acadúil 1907-08 i Learpholl (faoi stiúir Kuno Meyer). Bhronn Ollscoil Mhanchain an chéim M.A. air sa bhliain 1908. Tar éis dó cúpla samhradh eile a chaitheamh ag obair faoi Thurneysen in Freiburg, agus in ollscoileanna eile sa Ghearmáin, bronnadh an dochtúireacht air sa bhliain 1909.

Chaith sé seal beag ag clárú lámhscríbhinní i Leabharlann na Breataine, nó gur ceapadh ina Ollamh le Nua-Ghaeilge é i gColáiste na hOllscoile, Gaillimh, ceann de choláistí na hOllscoile nuabhunaithe, Ollscoil na hÉireann. I nGaillimh a chaith Tomás an chuid eile dá shaol agus dá chúrsa acadúil, ag teagasc agus ag foilsiú go tréan; leabhair agus ailt ar réimse leathan de ghort an Léinn Cheiltigh, idir theanga, litríocht agus bhéaloideas. Bhailigh sé fuíoll na Gaeilge beo in oirthear agus in íochtar Chonnacht agus d'fhoilsigh sé iris Ghaeilge, *An Stoc* (ó 1917 go dtí 1931, le bearna gan foilsiú ó dheireadh 1920 go lár na bliana 1923, tar éis do na Dúchrónaigh clólann na hirise a scrios). Thug sé tacaíocht fhial d'imeachtaí cultúrtha den uile chineál a bhain le saol agus le pobal na Gaeilge i gCathair na dTreabh agus ar fud na Gaeltachta. Bhronn Ollscoil na hÉireann an chéim D.Litt. air sa bhliain 1928. Phós sé Eibhlín Ní Scanláin as an bhFearann Fuar, Contae Chiarraí, sa bhliain 1923, agus bhí seachtar clainne acu. Cailleadh Tomás Ó Máille ar an 15 Eanáir 1938.

Is léir, mar sin, go raibh an Máilleach tagtha in inmhe mar scoláire bisiúil, agus é ina ollamh ollscoile, nuair a tharla na heachtraí i Muintir Eoghain idir Aibreán agus Iúil 1921 atá mar ábhar ag an leabhar seo, *An tIomaire Rua*. Teaghlach náisiúnach ba ea Máilligh Mhuintir Eoghain. Bhí dearcadh láidir náisiúnach — idir náisiúnachas cultúrtha agus an Poblachtachas — léirithe ag Tomás féin ina chuid iriseoireachta agus é fós ina mhac léinn i mBaile Átha Cliath. Ghabh an chlann ar fad leis an soiscéal sin. Bhí a dheartháir, Pádraic, ach go háirithe, ar cheannairí Ghluaiseacht na Saoirse san iarthar go fiú amháin roimh 1916; díograiseoir teanga agus Poblachtach, bhí tréimhsí caite aige i bpríosún idir 1916 agus 1918, ba bhall den I.R.B. é, ball d'Ardchomhairle Shinn Féin, agus toghadh é ina Theachta Dála don pháirtí sin in Olltoghchán na bliana 1918. Bhí sé ina bhall de cholún reatha na nÓglach i dTuaisceart Chonamara, agus tar éis bhás a thuismitheoirí (Sorcha in 1916, agus Micheál in 1918), ba é Muintir Eoghain ceannáras an cholúin reatha. Bhí coimheascar i Muintir Eoghain cheana féin sa bhliain 1918, nuair a dhein na póilíní iarracht ar Phádraic a ghabháil sa teach. B'as Muintir Eoghain a thug na hÓglaigh faoi bhearta in aghaidh fhórsaí na Corónach i gConamara sa bhliain 1921. Níor bhall den cholún ná de na bearta míleata é Tomás, ach bhí sé sa teach an lá úd i mí Aibreáin ar thug fórsaí na Corónach faoi Mhuintir Eoghain. Tig linn a bheith buíoch go raibh, óir is iad na heachtraí a bhain dó fein agus do na hÓglaigh eile a bhí páirteach sa troid sin is mó atá mar ábhar ag an leabhar seo.

Agus an cuntas seo á dhréachtú ag Tomás, ní fios an raibh nótaí aige, nó ar phléigh sé an scéal (nó a dhréacht) le haon duine eile a bhí páirteach sa cholún reatha nó a bhí páirteach sna heachtraí atá faoi chaibidil aige. Tá a fhios againn, ar ndóigh, ón méid a scríobh a bhaintreach i Réamhrá an Chéad Eagráin, gur cheadaigh sise an cuntas le Pádraic Ó Máille (deartháir an údair) agus le daoine eile a bhí páirteach san eachtra. Is cosúil nach bhfuair duine ar bith díobh aon locht ar chuntas Thomáis (cé go mba mhaith le cuid acu — a dheartháir Pádraic, ach go háirithe — go gcuirfí leis an leabhar, trí ghaiscí na nÓglach i gContae Mhaigh Eo (i gcath Thuar Mhic Éadaigh, ach go háirithe) a ríomh.

Ní hiontas ar bith é nach bhfuair a chomrádaithe aon locht ar chuntas Thomáis, óir ba dheacair an cuntas a shárú ó thaobh cruinnis, cáiréise agus cothroime de. Is léir go raibh cuimhne iontach aige. Is iomláine, ar bhealaí áirithe, a chuntas ar 'chath' Mhuintir Eoghain, agus ar lean é, cuirim i gcás, ná cuntais chomhaimseartha na nuachtán logánta; go deimhin, tá sé gach pioc chomh hiomlán leis an gcuntas a scríobh ceannaire an cholúin (Peadar Mac Domhnaill) ar na heachtraí céanna, blianta ina dhiaidh sin.[8] Níl inchurtha leis, b'fhéidir, ó thaobh mioneolais de, ach leabhar Choilm Uí Ghaora, a foilsíodh ceithre bliana tar éis do leabhar Thomáis a theacht amach. Bhí Tomás in ann cuimhneamh ar ainmneacha na bhfear uile a bhí páirteach, ar bhealach ar bith, sna heachtraí úd i measc na gcnoc, ar an dá thaobh den Chaoláire i samhradh na bliana 1921. Gach filleadh agus feacadh, gach cor agus corraí dár chuir Óglaigh na buíne díobh san eachtra, tá tuairisc chruinn ag Tomás air. Ach, lena chois sin, luann Tomás na teaghlaigh éagsúla ar fud an cheantair a thug dídean, féile agus misneach do na hÓglaigh i rith an fheachtais. Is maith mar a thuig sé féin tábhacht na tacaíochta áirithe seo:

Dá laghad é arm na hÉireann, ní i ngan fhios don tír a cothaíodh é.
An mhuintir a chuidigh lena dhéanamh, ba chóir a n-ainm a bheith
ar rolla dea-dhaoine Éireann go dtí deireadh aimsire.

Léiríonn an sliocht seo tuiscint ar ealaín agus ar riachtanais na treallchogaíochta a mbeadh lucht teoirice na cogaíochta san fhichiú haois sásta go maith léi.

Arís, tá daonnacht agus mórchroí an údair le tabhairt faoi deara sa chaoi ina scríobhann sé faoi iompar a chomrádaithe agus a chomharsana ar feadh an ama. Bíodh is go raibh amhras air in amanna faoi chinntí áirithe a rinneadh le linn na troda, ina dhiaidh sin níl cáineadh ar bith sa chuntas ar aon duine a bhí dílis don chúis agus a sheas leis na hÓglaigh in am an ghátair. Agus, ar ndóigh, is cás leis ó thús deireadh na heachtra an soláthar beatha d'Óglaigh an chnoic, go háirithe an tae!

Ach má bhí an daonnacht ann, bhí an dánacht, chomh maith. Feachtas míleata a bhí ar bun ag na hÓglaigh, i ndeireadh na dála. Bhí namhaid le cloí. Agus bíodh is go léiríonn an Máilleach tuiscint ar an gcruachás ina raibh cuid de na póilíní ag an am, ina diaidh sin is uile glacann sé leis gurbh é cuspóir na nÓglach fórsaí na Corónach a bhascadh.

Ní ó thaobh eolais amháin, áfach, atá tábhacht leis an leabhar seo, ná ó thaobh mheon an údair i leith na coimhlinte. Tá stíl na reacaireachta féin, agus an nóta pearsanta a chloistear inti ó thús deireadh na haiste, mealltach agus, ar uairibh, fileata. Is ionann agus dán molta ar a fhearann dúchais cuntas Thomáis ar gach cnoc is gleann, sruth is sliabh den cheantar cois Caoláire a bhí mar chúlbhrat d'eachtra Mhuintir Eoghain. Is aoibhinn leis an údar logainmneacha a dhúiche féin a aithris agus a mhíniú, agus is fileata go minic an cur síos atá aige ar dhreach na tíre.

Tá binneas faoi leith ag baint leis na nótaí maise a chuireann Tomás lena thuairisc; is é sin le rá, na tagairtí iomadúla as an litríocht, as an seanchas agus as an mbéaloideas atá scaipthe tríd an leabhar aige. Is minic agus an t-údar ag eachtraí a scéil, go dtagann macallaí ón stair agus ón seanchas isteach ina cheann: tagairtí don Táin, don seanscéal Lochlannach, Scéal Ghisli, d'Eochaidh Ó hEoghasa agus don Chaisideach Bán, línte le Seán Mac Conmara agus le hEoghan Mac Craith, tagairt don údar clasacach Crassus, agus, ar ndóigh, ceathrú den amhrán cáiliúil, 'An Caiptín Ó Máille'.

Is léir, mar sin, gurb é atá in údar an leabhair seo, scoláire, fear litríochta agus seanchais, a ndearna uair na cinniúna saighdiúir de ar feadh tamaill bhig.

Seoid bheag é an leabhar seo, más ea, caibidil chorrach i stair Chonmara agus i stair na hÉireann i ré na Réabhlóide; sin, agus blúire fileata dírbheathaisnéise. Ní hiad na staraithe amháin, ach mórphobal léitheoirí na Gaeilge, ar spéis leo an daonnacht agus an dea-scríobh, a chuirfidh fáilte roimh eagrán nua den leabhar seo.

Gearóid Ó Tuathaigh
Samhain 2006

Nótaí

1   *Life of Michael Collins* le Piaras Béaslaí, agus *My Fight for Irish Freedom* le Dan Breen, na leabhair a luaigh Tomás. B'ait nár luaigh sé W. Alison Phillips, *The revolution in Ireland, 1906-1923*, a foilsíodh in 1923.

2   Ailt a scríobh Cú Uladh in *An tÉireannach* sa bhliain 1936, an cuntas i nGaeilge a luaigh fear eagair an chéad eagráin, T.S. Ó Máille.

3   Mar shampla, Charles Townshend, 'The Irish Republican Army and the development of guerilla warfare,1916-21', *English Historical Review*, 94 (1979), lgh 318-45; David Fitzpatrick (eag.), *Revolution? Ireland 1917-1923* (1990); David Fitzpatrick, 'Militarism in Ireland 1900-1922', in T. Bartlett agus K. Jeffery (eag.), *A Military History of Ireland* (1996); Joost Augusteijn, *From public defiance to guerila warfare* (1996); Michael Hopkinson, *The Irish War of Independence* (2002); Peter Hart, *The IRA at War 1916-1923* (2003).

4   Colm Ó Gaora, *Mise* [eagrán nua (1969)]; T.G.McMahon (eag), *Pádraig Ó Fathaigh's War of Independence: recollections of a Galway Gaelic Leaguer* (2000). Freisin, Richard English, *Ernie O'Malley: I.R.A. Intellectual* (1998).

5   Mar shampla, David Fitzpatrick, *Politics and Irish Life 1913-21: Provincial experience of War and Revolution* (1977); Michael Brennan, *The War in Clare 1911-21* (1980); Jim Maher, *The Flying Column: West Kilkenny 1916-21* (1987); Michael Farry, *Sligo,1914-1921: a chronicle of conflict* (1992); Marie Coleman, *County Longford and the Irish Revolution,1910-1923* (2003); Meda Ryan, *Tom Barry: IRA Freedom Fighter* (2003).

6   Mar shampla, Mary Kavanagh (eag.), *A Bibliography of the county Galway* (1965); Fergus Campbell, *Land and Revolution: Nationalist Politics in the West of Ireland 1891-1921* (2005).

7   Tá an cuntas seo ar shaol agus ar shaothar Thomáis bunaithe ar Ruairí Ó hUiginn, 'Tomás Ó Máille', in Ruairí Ó hUiginn (eag.), *Scoláirí Gaeilge: Léachtaí Cholm Cille, 27* (1997), lgh 83-122. Féach, chomh maith, nótaí beathaisnéise ar Thomás, ar Phádraig agus ar Mhicheál Ó Máille in Diarmuid Breathnach agus Máire Ní Mhurchú, *Beathaisnéis a Trí: 1882-1982* (1992), lgh 120-23.

8   Bhí tuairisc fhada ar Chath Mhuintir Eoghain in *The Connacht Tribune*, 30 Aibreán 1921 [Tá an tuairisc sin ar lch 138 den leabhar seo]; Peter J. McDonnell, *Action By West Connemara Column at Mounterown: West Connemara Brigade, April 23 1921* (cóip chlóscríofa i dtaisce i gCartlann Leabharlann Uí Argadáin, Ollscoil na hÉireann, Gaillimh) [Tá an tuairisc sin ar lch 111 den leabhar seo].

Réamhrá an Chéad Eagráin

Seo leabhar a d'fhág m'fhear céile ina lámhscríbhinn i measc a chuid páipéar. Scríobh sé ina ghiotaí é ó am go ham idir 1922 is 1932, ach níor chríochnaigh sé riamh é; bhí bearnaí in áiteanna ar fud na lámhscríbhinne, agus is furasta a fheiceáil go gcuirfeadh sé tuilleadh ina cheann dá mairfeadh sé.

Ní raibh aon fhonn air an scéal a fhoilsiú lena bheo, ach feictear dom go mba mhaith an ceart dó a chur ar fáil anois, ní hamháin dóibh siúd a mbeadh suim acu inar tharla sa ngeadán áirithe úd den tír i rith chogadh na *Tans*, ach freisin don mhuintir a chuir aithne ar an scoláire gan í a bheith acu ar an tírghráthóir.

Tá na profaí tar éis a bheith léite ag cuid de na daoine atá ainmnithe sa leabhar, agus de bharr a gcomhairle, tugadh corr-rud anseo is ansiúd chun cruinnis. B'ait le Pádraic Ó Máille (i.e. deartháir an údair) go mbeadh cuntas sa leabhar ar eachtraí eile a raibh Óglaigh an Iarthair páirteach iontu, go háirithe Cath Thuar Mhic Éadaigh. Níor mhaith liom tada a bheith sa leabhar ach an cuntas pearsanta ionann is a fágadh é, ach le go mbeadh a gceart ag Óglaigh Mhaigh Eo, seo scéal Chath Thuar Mhic Éadaigh a scríobh duine díobh a throid ann, i.e. Liam Ó Coinín as Cathair na Mart:

Tharla sé an tríú lá de Bhealtaine, 1921. Dhá charr póilíos a bhí ann, is chomh fada le mo mheabhair, bhí cúigear i ngach aon charr acu. Níor caitheadh ach le carr amháin acu, arae bhí an dara ceann bordáil is trí chéad slat taobh thiar den charr tosaigh. Maraíodh ceathrar a bhí sa gcéad ghluaisteán agus loiteadh an duine eile. Níor baineadh feacadh as na hÓglaigh san áit seo. Bordáil dhá fhichead Óglach a bhí sa luíochán, ach níl mé dearfa den uimhir.

Tugadh cath eile tráthnóna an lae úd ar Chnoc Thuar na bhFód, áit ar chruinnigh saighdiúirí is póilíos, bordáil cúig chéad acu, ar na

Tomás Mag Uidhir
(a bhí i gceannas ar na hÓglaigh i gCath Thuar Mhic Éadaigh)

hÓglaigh gur sháinnigh ar leiceann an chnoic iad. Mhair an troid óna cúig a chlog go dtí ag tarraingt ar an oíche, nuair ab éigean do na Sasanaigh cúlú mar gheall ar an dorchadas. Maraíodh duine de na hÓglaigh, i.e. Micheál Ó Briain, sa gcath seo, agus loiteadh fear eile, i.e. Tomás Mag Uidhir,[1] go damáisteach ann.

Níl aon chruthú gur maraíodh aon duine den taobh eile ar an gcnoc, ach loiteadh oifigeach ann darbh ainm Leifteanant Emerson. Dódh Teach Comhair Thuar Mhic Éadaigh tar éis an luíocháin.[2]

Níl aon trácht sa leabhar seo ar rudaí eile a tharla i Muintir Eoghain san achar a raibh an cogadh ag tolgadh, de leithéid na cuairte a thug Ruairí Mac Asmaint[3] ar an áit in 1914 in éindí le heagarthóir páipéir mhóir de chuid Bheirlín, i.e. teachtaire ó Rialtas na Gearmáine, a gheall saoirse iomlán na hÉireann nuair a ghnothódh an Ghearmáin an cogadh a bhí le teacht, dá gcuideodh na hÉireannaigh léi; ná faoin uair a tháinig *yacht* bán isteach sa gCaoláire, laethanta roimh Nollaig 1914, tráth a raibh rúnseirbhís Shasana agus Mheiriceá ag obair as lámha a chéile ar thóir Mhic Asmaint, agus is gearr go raibh long chogaidh Shasanach ina diaidh á faire.

Troscadh Lá Nollag tháinig fear a thug 'Colonel McBride' air féin, agus caiptín an *yacht* soir go Muintir Eoghain, ag rá gur as

Meiriceá a tháinigeadar agus go mbeidís in ann arm a chur i dtír dá gcuideodh na hÓglaigh leo; ní raibh aon mhuinín astu ach ghlac Peadar Ó Máille is an Dochtúir Séamas Ó Briain a gcuireadh le dul ar bhord an *yacht*, ag súil le tuilleadh eolais a fháil ina dtaobh; caitheadh go han-chóir leo ach ní bhfuaireadar aon dearbhú ar a mbarúil.

Is rímhór mo bhuíochas don Dochtúir T.S. Ó Máille, Coláiste Ollscoile na Gaillimhe, a raibh sé de chineáltas ann cúram gach uile shórt a bhain le clóbhualadh an leabhair agus leis na profaí a thógáil air féin, agus freisin do Sheán Mac Conchradha, Coláiste Ollscoile na Gaillimhe, a tharraing an léarscáil.

Eibhlín Bean Thomáis Uí Mháille,
Gaillimh, Meitheamh 1939

Réamhrá an Údair

MAIDIR LE COGADH na saoirse, a bhí ar bun ó bhliain 1916 go dtí 1921, tá cúpla cuntas i mBéarla air.[4] Níl aon chuntas ar chuid ar bith de i nGaeilge, dar feasach mise,[5] agus is fearr beagán den iomlán a bheith i nGaeilge ná gan aon bhlas. Is fearr leid dá laghad ó dhaoine a chonaic é, is a bhí páirteach ann, ná go mbeifí á scríobh arís nuair a bheadh dearmad ionann is déanta air.

Is iomaí trácht a déantar ar ghníomhartha na nÉireannach a bhíodh, ó aimsir Aodha Uí Néill, ag troid do náisiúin Chríoch Leatha.[6] Cé is moite den mhéid a scríobhadh do na hIarlaí iad féin, ní feasach mé go bhfuil aon chur síos ar fáil ó aon duine dá raibh páirteach sna cogaí sin, ach an méid a scríobh an Caisideach Bán, agus ní gníomhartha móra gaisce a bhí á lua ag an gCaisideach Bán, ach ina dhiaidh sin, tá cosúlacht na fírinne ar an mbeagán a scríobh sé, agus tugann sé leid dúinn ar an saol mar a bhí sé dáiríre ag na hÉireannaigh bhochta sin.

Tomás Ó Máille
(ina fhear óg)

Ní móide, ach oiread, go bhfuil gníomh mór gaisce lena aithris againne, ach mar sin féin bhaineamar macalla as na cnoic, cúpla babhta. Agus bhí muintir na gcnoc chomh dílis dúinn agus don mháthairthír agus go mba cheart go mbeadh a n-ainm ar fáil ar rolla na ndaoine a rinne a gcion d'Éirinn ar a cruóg.

1

Is fada siar roimh 1916 féin a bhí an tsaoirse ag tolgadh sular thóg sí ceann. Thug na sean-Fhíníní an teagasc don aos óg, agus choinníodarsan an spiorad beo agus an choinneal ar lasadh. Nuair a d'athraigh an spiorad sin ó bheith ina scéal rúin go raibh sé soilseach i mbéal an phobail, bhí cuid mhaith daoine a raibh an intinn cheart acu, agus a bhí faoi réir leis an soiscéal a ghlacadh, agus nuair a tháinig Ruairí Mac Asmaint, agus Eoin Mac Néill os comhair an phobail i mí na Nollag 1913, bhí cuid daoine ag súil lena leithéid, agus bhíodar faoi réir. Bhíodar i ngach áit d'Éirinn. Bhí a fhios acu go raibh a ndeis tagtha nuair a tháinig an Cogadh Mór, ach thóg sé tamall an cogal a dhealú ón gcruithneacht.

Ní go dtí gur cuireadh an bille dubh, i.e. Acht an Mhíleatais Éigeantaigh,[7] i bhfeidhm i bhFeis Shasana a dhúisigh muintir na hÉireann i gceart. Sin í an uair a thuigeadar an chontúirt uafásach a rabhadar ann. Thug sin na hÉireannaigh le chéile sa mbliain 1918 ar bhealach nach raibh siad roimhe ná ina dhiaidh. Na daoine a chuir comhairle orthu gan baint ná páirt leis an gcogadh a bheith acu, is iad a chreideadar, agus is orthu a thugadar aird.

Ní raibh a fhios ag aon duine céard a thitfeadh amach. Ar thaobh amháin, bhí Sasana chomh mór i dtréas, mar gheall ar an gcogadh sa mbliain 1916, is nár mhaith leo muirthéacht a chur ar bun in Éirinn. Ar an taobh eile, bhí a fhios ag na hÉireannaigh, mura n-éireoidís de thoil a chéile in aghaidh an tSasanaigh san am, go marófaí fir na tíre as éadan.

Ní raibh a fhios ag aon duine cén chaoi a dtosódh an t-achrann, ná céard a thitfeadh amach. Bhí cuid mhór ag ceapadh go n-ionsófaí na treoraithe agus na ceannfoirt, agus nuair a bheidís gafa, go dtiomáinfeadh an Sasanach an chuid eile roimhe mar scata caorach. Bhí a fhios acu, freisin, gur in éadan na bpiléar a chuirfí iad, san áit is déine a mbeadh an cath.

Bhí Pádraic Ó Máille[8] ag Ardchomhairle Shinn Féin san Earrach, 1918. Is é an tuairim réamhráite a bhí acu, go ngabhfaí na ceannfoirt i dtosach. Bhíothas ag ceapadh nár cheart ligean don Sasanach na ceannfoirt a ghabháil gan buille éigin a bhualadh, duine ar bith a raibh arm cosanta aige. B'fhearr sin, chonnacthas dóibh, ná go sceanfaí as éadan iad féin agus fir na hÉireann trí chéile. Rinneadh athrú ar an ordú sin, measaim, ina dhiaidh sin, ach ní raibh Pádraic sa láthair ag an gcruinniú ar ceapadh é.

Pádraic Ó Máille, T.D.
(1878-1946)

Ba ghnách leis gan codladh sa teach; tigh Phádraic de Bhailis, an Choilleach Bheag,[9] nó tigh Thomáis Seoighe, na Grigíneacha,[10] nó sa Doirín, a chodlaíodh sé. An 18ú lá de Bhealtaine 1918, san am ba ghéire a raibh an chontúirt, bhí sé as baile ar gheastal éigin. Bhí sé deireanach nuair a tháinig sé abhaile, agus bhí sé tuirseach. Bhí faoi lóistín na hoíche a thóraíocht in áit éigin dó féin, mar ba ghnách, ach cuireadh comhairle air fanacht istigh agus an oíche a sheansáil.

Timpeall is a dó nó a trí a chlog, d'airigh sé daoine taobh amuigh agus d'éirigh sé; bhí glas agus boltaí ar na doirse agus bhí na fuinneoga uile dúnta. Cé a bheadh ann ach na póilíos, agus bhuail siad ag an doras. D'fhiafraigh sé cé a bhí ann. Duine a raibh canúint ghallda air a labhair:

'Come down,' a deir sé, 'I have a message for you from the Irish Republic.'

'Is gearr go gcuirfidh mise teachtaireacht chugat!' a deir Pádraic. Rug sé ar a ghunna. Bhí Éamann sa teach, freisin, is bhí sé ina shuí. Bhí na póilíos timpeall ar an teach, agus scaoil Pádraic agus Éamann urchair leo. Bhí sé dorcha, agus ní raibh sé éasca iad a aimsiú. Bhí duine acu ina sheasamh ar an leic, taobh amuigh den doras (taobh an bhóthair). Bhain an t-urchar scealpóg as an leic. Leathnaigh an póilí é féin in aghaidh an dorais. Baineadh scanradh i gceart as. Rith sé agus ritheadar ar fad go dtí binn an tí. Bhí faitíos orthu a dhul in aon

Teach na Máilleach i Muintir Eoghain

Teach na Máilleach mar atá sé anois (tá cró déanta de)

áit eile, le faitíos go n-aimseofaí iad. Thosaíodar ansin ag caitheamh leis na fuinneoga, agus bhí urchair ó na fuinneoga ag teacht chucusan. Bhí an cath ar bun ar feadh tamaill. Bhí seanchrann in aice an tí, agus an chaoi a raibh an macalla ag teacht de bharr na n-urchar, shíl siad go raibh ionnsaithe eile orthu ó thaobh an chrainn. Ritheadar. D'imíodar ina seanrith gur shroicheadar an bóthar. Seansaighdiúir a bhí sa gcogadh, a bhí ag tiomáint an leoraí (féan) a rabhadar ann, agus is beag nár rith sé le scaoll agus le gealtacht, nuair a d'airigh sé torann agus macalla na n-urchar. Dúirt sé arís gur shíl sé gurb é an cogadh a bhí tosaithe arís.

Nuair a bhíodar glanta, tháinig Pádraic agus Éamann anuas. Chruinníodar a n-airm agus shiúileadar amach as an teach. Sin iad na chéad urchair a caitheadh in Éirinn tar éis Sheachtain na Cásca in 1916. Ba choir chrochta an uair sin urchar a chaitheamh le póilíos nó tacaí Shasana in Éirinn.

Cá dtabharfaidís a n-aghaidh? Chuadar soir go barr na leice — Leic na bhFaol — agus is ann a chaitheadar an chéad lá. Ansin chuadar go Gleann Ghlais. Lá arna mhárach, bhí Gleann Ghlais breac ballach le póilíos á dtóraíocht. I scailp[11] sa nGleann a bhíodar ina gcodladh, nuair a shiúil na póilíos tharstu amach i bhfoisceacht ceathrú míle díobh. Bhí an aimsir fliuch, agus fuaireadar fliuchadh. Bhí muintir an ghleanna ag tabhairt beatha dóibh agus ag faire dóibh a fhad is a bhíodar ina gcodladh.

Bhí eolas ag Micheál Phádraic Philip, i.e. Micheál Ó Cadhain, ar scailp in áit a gcothaíodh broic. D'fhéadfadh duine é féin a shá isteach ann, ach is gan compord é. Cheapadar, dá mbeadh púdar agus gléas tollta acu, go bhféadaidís an poll a fhairsingiú isteach sa gcarraig. Chuir Peadar Mac Domhnaill[12] iad sin ar fáil agus rinneadar féin agus Micheál Ó Cadhain (Micheál Phádraic Philip)

Gleann an Mháma ag an am
(Le caoinchead Leabharlann Náisiúnta na hÉireann)

Gleann Ghlais

An Phluais (scailp Phádraic Uí Mháille) i nGabhlán na Lí i nGleann Ghlais (an fhuinneog ar clé agus an doras ar deis)

an obair. As an mbrocach a bhí ag na broic agus na sionnaigh, rinneadar seomra a bhí naoi dtroithe ar fad, naoi dtroithe ar leithead, agus naoi dtroithe ar airde. Fuaireadar fráma íseal leapa a rinne Peadar Mac Domhnaill dóibh, agus chuireadar leaba chlúmhach air sin.

Thagadh Stiofán Seoighe (Bhrabsan) agus Micheál Ó Cadhain agus cuid eile den lucht fabhair agus bhíodh corrchluiche cartaí acu istigh sa scailp ar an leaba; ní raibh de throscán acu ach í. Chaith mé féin cúpla oíche sa scailp, ach ní fhéadaim a rá gur chodail mé inti. Bhí Pádraic Ó Cadhain — stócach a bhí againn ar aimsir — bhí sé liom, agus chodail seisean. Níor mhaith linn go bhfeicfí ag filleadh sinn. Is le solas na gealaí a d'fhilleamar, suas Taobh Bairín. Nuair a bhíomar ar bharr an chnoic, bhí amharc le fána againn ar na gleannta, a leath faoi scáileanna agus a leath faoi sholas, agus b'iontach álainn an t-amharc é. Tar éis gur sna cnoic a tógadh mé, ní fhéadfainn a rá go raibh mé riamh roimhe sin ar fhíormhullach cnoic le solas gealaí.

Tháinig Éamann abhaile i mí Mheán Fómhair, mar chuala sé nach raibh aon tóir air. Chaith Pádraic dhá bhliain go leith idir an Scailp agus tithe an Ghleanna nó gur thosaigh an Chléir Aistreach (buíon eitleach)[13] ag imeacht, i dtús mhí na Samhna 1920. D'imigh seisean in éindí leo ansin i ngach áit dá ndeachadar.

Radharc soir ar Ghleann Ghlais as an bpluais

2

SA MBLIAIN 1916, timpeall is seachtain tar éis Sheachtain na Cásca, nuair a d'éalaigh mé abhaile ó chrúba na bpóilíos, tháinig triúr póilíos agus diúraicigh[14] acu, leis an teach a chuardach, páipéir Phádraic a chur ar fáil, agus mé féin a ghabháil má bhí mé ann. D'éalaigh mé amach in am agus chaith mé an lá sna Lí. Nuair a tháinig mé ar ais chun an tí, casadh dom Pádraic Ó hAllmhuráin a bhíodh sa Móinín Mór, a bhíodh ag obair againn — Sean-Phádraic a thugaimis air. Bhí mé ag caint leis ar an rud a thit amach.

'Ní tada fós é,' a dúirt sé, 'tiocfaidh sceits[15] chogaidh anseo fós.' Nuair a bhí Pádraic agus Éamann ag loscadh leis na póilíos faoi Bhealtaine sa mbliain 1918, labhair mé arís le Pádraic.

'Ní tada fós é,' a deir sé, 'ach feicfidh tú sceits chogaidh anseo fós,' agus chroith sé a cheann.

Bhí go leor seantairngreachtaí ag Sean-Phádraic Ó hAllmhuráin agus ag go leor eile, agus ó thosaigh an cogadh bhí na tairngreachtaí ag éirí fairsing. Is minic a chuala mé féin cuid de na tairngreachtaí sin, agus deireadh a lán nuair a thiocfadh an cogadh a dhéanfadh Éire saor, gur ar an Iomaire Rua a chríochnódh sé. Ní hionadh go mbeadh sé amhlaidh, mar is é an tIomaire Rua an barrshliabh is faide siar in Éirinn. Sin ceann eile ar chuir mé cronú ann. Idir 1916 agus 1918 a chuala mé é, ó Thiobóid Seoighe as an gCoilleach, deartháir mo mháthar. Dúirt sé gur chuala sé ag seandaoine, an mhuintir a thabharfadh a saoirse d'Éirinn abhaile as Sasana, go marófaí iad, agus thuig mé uaidh gurb é an chaoi a maródh muintir na hÉireann iad, nach mbeidís sásta leo ar bhealach éigin. Tháinig sé sin amach leathfhíor.

Maidir leis an Iomaire Rua, dúirt m'athair (Micheál Ó Máille) liom gurb ionann an tIomaire Rua agus na cnoic atá ó dheas den Chruach, i.e. Cruach Phádraig, ó fhágas tú Cruach Phádraig go dtéann tú go Cuan an Fhir Mhóir,[16] agus an sliabh atá i gContae Mhaigh Eo agus i gContae na Gaillimhe.

Ceapann daoine eile gurb é an tIomaire Rua na cnoic atá idir an Líonán agus Loch Coirib agus Loch Measca. Is dócha gurb é an tIomaire Rua na cnoic atá ó thuaidh agus ó dheas den Chaoláire, agus as sin go rachaidh tú go dtí na Formna agus Binn Fheá in aice le Tuar Mhic Éadaigh, agus na Cnoic Bhreaca agus na Beanna Beola a chur isteach leo.

Is dócha gurb é an fáth ar tugadh an tIomaire Rua ar an sliabh sin, an screamh nó an chloch ghainimh dhearg atá ag freagairt amach sna cnoic úd. I mullach na gcnoc is mó atá an chloch ghainimh sin, agus bíonn sí ag freagairt amach ar uachtar na talún in áiteanna, anuas go dtí 500 nó 600 troigh os cionn na farraige. Ag an Mullach Glas in aice le Rinn Mhaoile, tá sí go dtí céad troigh os cionn na farraige nó níos lú. Tá gaineamh rua, freisin, ó Shalroc go dtí Cnoc an Churraoin in aice le Loch Measca.

Ach ní ar na cnoic féin is mó atá seanchas anseo againn, ná ar a n-áilleacht, dá mhéad, ach ar an ngníomh a rinneadh iontu le linn an chogaidh — le linn Chogadh na Saoirse — agus is é sin, fearacht gach uile thír, go ndéanann na cnoic an tsaoirse a tholgadh — agus nuair a bheas scéal an chogaidh ar fad i dtoll a chéile, níor mhiste go mbeadh trácht ar gach duine a rinne gníomh dá laghad ar son na hÉireann, agus ba mhaith leis na daoine atá ag cónaí sna cnoic, go rachaidh sé ar pháipéar an méid a rinneadh ina bhfianaise féin, agus go mbeadh sé tugtha síos go cruinn go dtí deireadh aimsire cén áit a ndearnadh é.

Is é an chéad am a ndearnadh tosach, i dtosach mhí na Nollag sa mbliain 1920. Ghabh cúigear fear amach go dtí an scailp a bhí ag Pádraic Ó Máille i nGleann Ghlais. Is iad an cúigear iad, Peadar Mac Domhnaill, Pádraic Ó Máille, Seán Ó Fiacháin (as Cill Mhíona), Seán Mac Con Raoi (as an gCoilleach Bheag), agus Pádraic de Bhailis. Ní raibh acu ar fad ach cúig cinn d'airm dhiúractha, trí sheandiúraiceach agus dhá phiostal agus máilín piléar. Ceann de na diúraicigh a tugadh i dtír i mBinn Éadair i mí Iúil 1914 a bhí i gceann acu sin, agus rinne sé gníomh maith ina dhiaidh sin; sean-arm de na gnáthdhiúraicigh a bhí in arm Shasana a raibh an tsáfach camtha inti an dara ceann, agus Scott na gCanadás,[17] cúig philéar a líon, a bhí sa tríú ceann. Rinne seisean a chion, freisin, sa troid.

Ba bheag an t-arm iad féin agus a bpáirtithe a bhí scaipthe i bhfad ó chéile ar fud Éireann, le dul ag teagmháil le cumhacht Shasana. Deireadh lae Sathairn a ghabhadar amach as an Líonán agus Muintir Eoghain, tuairim is an 5ú lá de mhí na Nollag. Mar nár mhaith leo codladh i dteach Phádraic, rinneadar ar an scailp sa gcarraig, ar thaobh na haille, os cionn an tí, an áit a raibh brocach ag broc roimhe sin. I ndeireadh bhliain 1920, d'fhág Pádraic Ó Cadhain an mhaoirseacht, agus ar an teach folamh a d'fhág seisean, agus an scailp a bhí lena ais, a thug an bhuíon réamhráite a n-aghaidh an tráthnóna geimhridh sin.

Chuaigh mé féin go dtí barr an chnoic á dtionlacan, ach tháinig an oíche orthu ansin agus chuadar amú ar a chéile agus fuaireadar treascairt mhór sna heanaigh a bhí taobh amuigh sa nGleann. Ba fhliuch aistreánach an bealach é le dul amach ann, agus ba mhór an sclábhaíocht ualach beatha a iompar thar an gcnoc, a bhí cúpla míle troigh ar airde. Ní raibh mórán tóir ag na fir fanacht ann, go háirithe in aimsir na Nollag. Chaith mé féin cúpla oíche i mbun an champa, gan ann ach mé féin agus fear eile.

Níorbh fhéidir mórán a dhéanamh leis an arm sin, agus chuaigh an scéal thart go dtí an Márta, 1921. I dtús an Mhárta, tháinig ceann-foirt Óglaigh Chonamara le chéile ag Muintir Eoghain agus shocraíodar go raibh sé in am buille éigin a bhualadh. Sin é an t-am ar crochadh Tomás Ó hÍoláin (Ó Faoláin)[18] as an gClochán — beannacht Dé lena anam — agus spreag sé sin tuilleadh iad. Níor mhór buille sa mbuille a thabhairt.

Thomas Whelan
(Crochadh é ar an 14 Márta 1921)

Is í an chomhairle a cinneadh leo a dhul go hAill na bhFiach,[19] agus ghabh cúigear ansin siar agus thugadar díol lae de bheatha leo. Tháinig fir as an gClochán agus as Cloch na Rón agus an Caladh faoina ndéin go dtí go raibh suas le deich bhfear fichead ann. Aimsir fhuar fheannta a bhí ann le linn an complacht a bheith in Aill na bhFiach; ní raibh teach ná cró i bhfoisceacht ceithre mhíle den áit, ach seanteach amháin a raibh adhmad air, ach ní raibh díon ná scraith air. Chuaigh cuid de na fir ag soláthar beatha, agus bhain cuid eile acu díon, gur chuireadar ar an teach é. D'éirigh leo go raibh cruach seanmhóna in aice an tí de mhóin a bhí bainte le seacht mbliana; bhí sí chomh maith sin nach raibh ort ach an solas a theannadh léi agus bhí sí ina caor thine ar an bpointe. Murach sin, chaillfí iad le fuacht na huaire.

Is é an sórt leaba a bhí acu fraoch agus mionfhraoch a bhainidís le croitheadh ar an urlár, thart ar an tine; chuiridís a gcótaí os a gcionn, agus a gcosa leis an tine, le hiad a choinneáil te ar feadh na hoíche.

3

I DTÚS OÍCHE AN 16Ú MÁRTA, troscadh Lá Fhéile Pádraig, maraíodh beirt phóilí ar shráid an Chlocháin, agus lá arna mhárach bhí an scéal tríd an tír go raibh an Clochán dóite.[20] Ba shoiléir go raibh an cogadh tosaithe i gConamara, cibé bail a rachadh air.

Tráthnóna Dé hAoine dár gcionn, tháinig Máirtín, mac Sheáin Uí Chaodháin, isteach chuig Muintir Eoghain, agus dúirt go raibh scata saighdiúirí ag dul anuas an Taobh Bán agus na Lí (taobh ó dheas de Mhuintir Eoghain). B'fhurasta a aithne cé a bhí ann, agus ní fada gur tháinig Pádraic Ó Máille agus ochtar eile isteach agus

Na Lí (An Taobh Bán ar clé)

iad sách féachta de bharr ar shiúil siad. Is measa arís a bheidís, murach muintir Mhichíl Uí Néill atá i nGleann Creamha, a thug bia agus deoch dóibh an mhaidin sin. Ní raibh aon dream i gConamara is fearr a sheas do na hÓglaigh ná muintir Mhichíl Uí Néill, agus is fada a bheas a chuimhne dóibh. Ba chúl dídine dóibh a dteach uair ar bith a bhí siad i sáinn.

Bhí na hÓglaigh ag cruinniú isteach i leaba a chéile, go raibh an oíche sin, sé dhuine dhéag acu i Muintir Eoghain, i dteannta mhuintir an tí. As sin amach, ba é Muintir Eoghain dúnáras na nÓglach i gConamara gur dódh an teach (23 Aibreán 1921). Ní raibh níos mó ná ceithre dhuine fhichead i dteannta a chéile ann, aon am. Gach uile lá uaidh sin anuas, bhíodh garda Óglach ar an teach de lá agus d'oíche. San oíche, bhíodh beirt i gcónaí

amuigh ag faire, agus seisear eile sínte ar urlár an pharlúis agus pluideanna os a gcionn le scaitheamh beag a chodladh dóibh féin san am nach mbídís amuigh, agus an ceann garda ina shuí cois na tine leis an ngarda a athrú i gceann gach uile dhá uair i ndiaidh a chéile ar feadh na hoíche. An chuid eile de na hÓglaigh, bhídís ina gcodladh sna leapacha, agus bíodh a dhiúraiceach nó a ghunna le gach uile fhear ina sheomra codlata ar feadh na hoíche agus iad i gcónaí i gcóir.

Níor tháinig aon tóir orthu ar an bhfad sin. Ghabhadh scata féan an bealach anois agus arís, ach ó thosaigh an troid, bhíodh ceathair nó cúig de cheanna acu i gcónaí in éindí, ach scaoiltí an bealach leo mar ní fhéadfadh an cúnamh a bhí againn aon bhrabach a dhéanamh díobh.

Radharc isteach ar na Lí ón mbóthar (An Doirín ar clé)

D'fhan an scéal mar sin go dtí an 3ú lá d'Aibreán. Ghabh na hÓglaigh amach go Scríb.[21] Bhí cúigear póilíos (ceathrar agus sáirsint) as beairic an Mháma ag dul abhaile ar rothair as Ros Muc, agus chuaigh na hÓglaigh i suíochán rompu ar gach taobh den bhóthar ag an gcoill.[22]

Thosaíodar ag caitheamh leo róluath. An bheirt de na póilíos nach raibh i gceart sa troid, chasadar thart agus thugadar a n-eang leo chomh tréan in Éirinn agus d'fhéadadar. Bhí póilí eile ann arbh ainm dó Ua Ficheallaigh agus chaith sé a dhiúraiceach agus a bheilt uaidh, agus thosaigh sé ag béiceach amach agus ag rá go n-éireodh sé as na póilíos. A fhad is a bhí na hÓglaigh idir dhá chomhairle an gcaithfidís é nó nach gcaithfeadh, thug sé léim isteach sa gcoill agus d'éalaigh sé leis.

Bhí póilí Sasanach ciarchrónach,[23] arbh ainm dó Pearson, ionann is éalaithe as an troid freisin, ach chaith duine de na hÓglaigh urchar leis agus chuir sé isteach trína scamhóga é agus amach an taobh eile. Ní raibh fágtha ach an sáirsint — Pléimeann ab ainm dó; bhí sé sáite thíos i gclais agus é ag lámhach as piostal ar a lán díchill. Ní raibh aon diúraiceach aige. Nuair a d'airigh sé an cúnamh imithe uaidh agus nach raibh gair aige seasamh i bhfad eile, shín sé ar a leataobh sa gclais agus lig sé air féin go raibh sé ag fáil bháis. Rinne sé chomh maith sin é go raibh na hÓglaigh lánchinnte de go raibh sé ionann is réidh, ach is ar éigean má bhí lot ar bith air; ní raibh an lámhach go rómhaith. Ansin léim Seán Ó Fiacháin amach ar an mbóthar lena ais, bhain de a phiostal agus a bheilt, agus d'iarr seisean coimrí a anama orthu. 'Má tá aon duine in ann a rá,' ar seisean, 'go ndearna mise díth nó dochar do dhuine ar bith, maraigí mé.' Dúirt sé, freisin, go raibh bean agus clann ina chleith, agus ligeadar a anam leis. Má lig féin, ní shílim go ndearna sé mórán eile dochair, ach amháin go raibh sé sa troid inár n-aghaidh ag Muintir Eoghain go haicearrach ina dhiaidh sin.

Is ar éigean a bhí na gnóthaí sin déanta nuair a tháinig an tAthair Mac Cárthaigh as Ros Muc an bealach ar rothar, agus thug sé aire don phóilí a bhí gortaithe. D'imigh na hÓglaigh leis an scéal a bhí acu; níor fheil sé dóibh moill a dhéanamh ar an réiteach. Bhí acu de bharr na troda, diúraiceach agus piostal, agus cúpla buidéal poitín a fuaireadar i mála a bhí ag an sáirsint. Tar éis bia a fháil i dteach Phádraic Uí Mháille, i.e. in Úraid, ghabhadar aníos Mám Éan agus chodlaíodar an oíche sin i Mám Gamhna, áit a bhfuaireadar neart lena ithe agus lena ól agus míle fáilte. An oíche lá arna mhárach arís, bhuaileadar isteach chuig Muintir Eoghain.[24]

Bhí an saol socair go maith go dtí an lá roimh Aoine an Chéasta. Chualamar an lá sin go raibh póilíos an Mháma ag brath tóraíocht a dhéanamh ar na tithe thart agus go dtabharfaidís ionsaí dearfa ar Mhuintir Eoghain. Aoine an Chéasta, d'éiríomar amach roimh

Mám Gamhna (ó Ghleann Fhada)

an lá agus chuamar i suíochán thart timpeall na gcnocán os cionn an tí, le bheith faoi réir dá dtiocfadh orainn. Bhí sosadh socraithe againn thart timpeall ann; dá dtiocfadh na póilíos an lá sin dearfa, bheadh an-sceanadh ann; ach níor tháinig, agus nuair a bhí sé tuairim is a dó dhéag ghabhamar isteach chun an tí gur itheamar ár ndinnéar.

Bhí an teach ar nós campa ar bith an uair sin. Bhíodh beirt de na hÓglaigh istigh i gcónaí, mórán, duine ag tabhairt móna agus giúsaí isteach agus ag cur síos tine, agus an fear eile ag réiteach bia. Bhíodh beirt ag baint giúsaí freisin, mar bhí an mhóin buille gann, agus fíorspairteach a bhí ina bunáite. Bhí tionchar maith ar an gcampa, mar bhí báicéirí againn agus búistéirí, gabha agus beirt siúinéirí agus gréasaithe.

Nuair nár tháinig an namhaid an lá sin — Aoine an Chéasta — ná go ceann seachtaine ina dhiaidh, shíleamar nach dtiocfadh choíche. Théadh bunáite na bhfear, cé is moite den gharda, a chodladh gach uile oíche, chomh maith is dá mbeadh gan aon chontúirt le bheith ann. Ach bhí Pádraic i gcónaí imníoch faoin scéal, agus is annamh a tháinig an lá isteach gan é a bheith ina shuí.

4

Maidin an 23ú lá d'Aibreán (1921), tuairim is a cúig a chlog, dhúisigh an garda sinn agus tháinig fear nó beirt isteach sa seomra a raibh mise ann, agus dúirt linn éirí, go raibh na póilíos ag teacht. D'fiafraigh mé féin de cé mhéad a bhí ann. 'Ní fheicimid ach beirt go fóill,' a dúirt duine acu, 'tá sé bundorcha.' Bhí mé féin lánchinnte nach póilíos ar bith a bhí ann, ach dream eile a bhí ag dul an bealach, agus d'éirigh mé leisciúil go maith. Shíl mé nach mbeimis thíos an staighre go mbeadh scéal eile nach iad a bhí ann ar chor ar bith. Ní fada gur tháinig fear eile isteach agus dúirt sé má bhí duine ann go raibh céad. Dheifrigh an méid úd sinn. Ní raibh mé thíos go raibh an troid tosaithe ag na póilíos agus ag an muintir a bhí taobh amuigh. Rith mé féin amach go dtí binn an tí, agus rothphiostal i mo lámh go bhfeicfinn cén bhail a bhí ar an troid. Bhí mé dearfa go mbeadh na póilíos chugam aníos. Is ar éigean a bhí sé ina lá geal san am. Ní fhaca mé ach aon phóilí amháin agus é ionann is anuas ag an abhainn a bhí idir sinn agus an bóthar, tuairim is trí chéad go leith slat uaim, agus chonaic mé san am céanna an piléar ag tógáil na scraithe agus na créafóige, i bhfoisceacht slaite go leith de. Ní fhaca mé riamh aon fhear ar baineadh scanradh as mar é. Rith sé i ndiaidh a chúil agus chaith sé é féin ar chúla maide dhuibh a bhí ann. Níor fhág sé sin gur cuireadh dhá urchar tríd. 'Tá sé sin réidh ar chaoi ar bith,' a dúirt mé, ach ní raibh, mar rinne sé sraonadh[25] isteach i log luachra agus as sin amach san abhainn gur chaith sé an lá inti.

Nuair a ghabh mé isteach sa teach ar thóir mo ghunna, bhreathnaigh mé ar m'uaireadóir agus bhí sé leathuair tar éis a cúig (sean-uair).[26] Bhí troid ceathrú uaire go maith ar siúl san am. Bhí rud le déanamh agam istigh, mar bhí fear loite thuas an staighre, fear a loit a rothphiostal féin le timpiste trí oíche roimhe sin, i.e. Liam Mac Con Fhaola as an gClochán. Chuaigh urchar trína chos ó thaobh go taobh, agus bhí sé ar an leaba le dhá lá, agus an Dochtúir Ó Briain ag freastal air. Bhí orm cuidiú leis lena chuid éadaigh a chur air agus lena thabhairt anuas an staighre. Nuair a thugamar anuas an staighre é, tháinig Pádraic isteach lena iompar amach ar a dhroim, agus

Peadar Mac Domhnaill
(Peter J. McDonnell, Oifigeach i gCeannas Bhriogáid Iarthar Chonamara agus Ceannfort Cholún Reatha Bhriogáid Iarthar Chonamara)

d'iompair. Bhí tuairim ag Pádraic go raibh ó chúig phóilí dhéag go dtí fiche póilí dár n-ionsaí, ach ní raibh a fhios againn nach raibh tuilleadh cúnta ar an mbealach chucu. Mar sin féin, shíl mé nach mbeadh moill ar bith orainn an ruaig a chur ar an méid sin.

Bhí na póilíos san am ar foscadh i sruthán a bhí ar an taobh thall den bhóthar,[27] agus i gclais ghainimh soir uaidh, i bhfoisceacht tuairim is 400 slat dínn. Chomh luath agus d'fhéad mé, rinne mé siar ar an uimhir seo againne, an áit a raibh siad ar fhoscadh an scioból, agus níor mhór a bheith cúramach mar ní raibh a fhios agam cén áit a mbeadh fear ag loscadh. D'aimsigh mé an ceannfort, Peadar Mac Domhnaill, agus dúirt mé leis nár mhór dó beirt a chur timpeall ar an namhaid ar an gcúl le hiad a sháinniú, agus dá dtabharfadh sé diúraiceach dom agus fear eile a chur in éineacht liom go rachainn féin ann. Bhí Éamann Ó Máille tar éis an chomhairle chéanna a chur air, tamall beag roimhe sin. Dúirt sé go raibh sé go díreach ag brath sin a dhéanamh agus go raibh ceathrar eile ceaptha aige le cur go dtí an cnoc, i.e. Roighne, a bhí ar ár n-aghaidh taobh thall, beirt ar gach taobh le teacht ar na póilíos. Is iad an ceathrar a chuaigh ann, Riocard Seoighe,[28] Gearóid Mac Parthaláin,[29] Séamas Mac Con Raoi agus Seán Ó Fiacháin, agus is maith misniúil a d'ionnsaíodar a ngnó.

Bhí cuid mhaith d'uimhir seo againne nach raibh diúraiceach acu, agus ní raibh aon mhaith sna gunnaí urchair, mar bhí an namhaid rófhada uathu. Bhíodar siúd ar fhoscadh an sciobóil, cuid acu ag caitheamh toitíní agus gotha brónach doshásta go leor orthu. Chomhairligh mé dá raibh ann acu nár mhór dóibh a dhul i ndiaidh a gcúl suas ar na cnocáin, agus gan cead a thabhairt do na póilíos a gcloigne a thógáil nuair a bheidís ansin.

Sin é an rud a rinneadh. D'éalaíodar ina nduine agus ina nduine, go ndeachadar ar an bhfoscadh gur ionnsaíodar an lámhach arís. Sula ndearnadh sin, bhí orainn beatha a thabhairt as an teach agus chuaigh mé isteach go mion agus go minic leis sin a dhéanamh. Thug mé mo chúl don bhalla in aice an dorais, ghearr mé cúpla builín agus chuir mé im air, agus cuireadh amach é. Thug mé amach roinnt bagúin, dhá phíosa a bheadh arís againn, ach níor éirigh linn é sin a thabhairt slán linn. Chuimhnigh mé ansin go mb'fhéidir gur fada go bhfaighinn greim lena ithe. Bhí timpeall is cupán tae ar an *teapot*, de bharr na muintire a bhí ag faire nuair a thángthas orainn. Lig mé amach é sin agus chuir mé braon bainne air agus bhí fuílleach aráin agam; bhí dath maith dubh air ach ba mhaith ann é, mar sin féin.

An cnoc atá ar chúl láthair Theach na Máilleach
(An Aill Riabhach thall ar deis)

Chuidigh mé le hÉamann leis na mná agus na páistí a thabhairt amach. Bhí urchair á gcaitheamh linn, ach mar sin féin, thug Dia dúinn gur thugamar slán go dtí an scioból iad. Is iad na mná a bhí ann, Sinéad Ní Mháille,[30] Nell — Bean Éamainn Uí Mháille, Bairbre Ní Mháille — iníon Sheáin Uí Mháille, cailín aimsire, agus beirt pháistí, Sail Ní Mháille agus Niall Ó Máille. Thug mé amach canna bainne agus cupáin acu, agus roinnt aráin. Ní raibh aon bhricfeasta eile acu. Bhí soithí, freisin, acu leis na ba a bhleán dá dteastódh tuilleadh uathu.

Is iomaí cuairt a thug mé isteach go dtí ionann is a deich a chlog, agus ní raibh aon fhuinneog briste an uair sin. Bhí fear amháin ina chodladh nuair a thosaigh an troid — Donnchadh Ó Caodháin (Ó Catháin?)[31] a bhí air — agus rinneadh dearmad air. Dhúisigh na piléir é agus d'éirigh sé agus tháinig anuas go dtí an chistin.

41

Máilligh Mhuintir Eoghain (c. 1890)
Ar cúl: **Pádraic**, *Máire,* **Tomás**, *Peadar,* **Éamonn**.
Ina suí: **Sinéad**, *Micheál, Sorcha (máthair), Sorcha, Micheál (athair)*

'Cá bhfuil na fir?' a deir sé.

'Ó, tá siad imithe amach ar chúla an tí agus an sciobóil,' a deirimse.

'Agus cé atá ag caitheamh na n-urchar?' a deir sé.

'Na póilíos atá ag ionsaí an tí,' a deirimse, 'agus tá an troid tosaithe.'

'Ó, caithfidh mé mo ghunna a fháil, mar sin,' a deir sé.

Shiúil sé sa bparlús go támhleisciúil, bhain na scáiléid[32] de na fuinneoga, chroch leis a ghunna, agus amach leis. Níor dhrochshaighdiúir é dá bhfaigheadh sé gléas maith troda.

Shiúil ceithre fhear fichead amach an teach an lá sin. Seo iad an uimhir a bhí ann:

Peadar Mac Domhnaill, Seán Ó Fiacháin, Máirtín Mac Con Fhaola,

Gearóid Mac Parthaláin, Séamas Mac Con Raoi, Colm Ó Gaora,[33]

Seán Mac Con Raoi (Cloch na Rón), Seán Dundas,[34] Micheál Ó Conaire (An Caladh), Pádraic de Bhailis, Donnchadh Ó Caodháin (Ó Catháin?), Peadar de Bhailis, Seán Mac Con Raoi (An Choilleach Bheag), Tomás Ó Cadhain (Gleann na nGeimhleach), Riocard Seoighe, Tomás Ó Madáin, Liam Mac Con Fhaola, Pádraic Ó Máille, Éamann Ó Máille, Stiofán Ó Mainnín, Tomás Ó Domhnaill (Cloch na Rón), Liam Mac Con Raoi, Tomás Ó Máille (Béal Átha na mBreac), Tomás Ó Máille (Muintir Eoghain, i.e. mé féin).[35]

Is é an bealach imeachta a bhí againn, ar fhoscadh an mhóta a bhí ag dul soir go teorainn na Lí. Is mé an duine deiridh a d'imigh,

Colún Reatha Chonamara
An Líne Thosaigh (ó chlé): ***Jack Conneely*** (*Leitir Fraic, agus a bhí tráth in Arm na Breataine*); ***Jack Feehan*** (*An Líonán*); *S. Staunton;* ***Martin Conneely*** (*An Líonán*); ***Jim King*** (*Cloch na Rón*); *Eugene Gillon* (*An Cheathrú Rua*). An Líne Chúil: ***Patrick Wallace*** (*Leitir Eas*); ***Gerald Bartley*** (*An Clochán*); *R. Wallace* (*Leitir Eas, deartháir le Patrick*); *Patrick O'Malley* (*An Cloigeann, agus a bhí tráth san R.I.C.*); ***Dick Joyce*** (*An Líonán*). (*Na daoine a bhfuil cló trom ar a n-ainm thuas, tá cur síos orthu in An tIomaire Rua.*)

agus ba fhliuch an bealach é; bhí mé fliuch go glúine agus os a chionn sin suas. Casadh dom mála bagúin ar an mbealach, agus chroch mé ar mo dhroim é, ach níor fhéad mé é a thabhairt i bhfad, mar bhí mé do mo bhá sa díog. Nuair a bhí mé ag dul soir go dtí an teorainn ar fhoscadh an mhóta, bhí na hurchair ag dul tuairim is ocht nó deich dtroithe os mo chionn, de réir mar a d'airigh mé ag feadaíl iad, agus chuir sin áthas orm nach raibh fad réime an urchair i gceart acu. Nuair a bhí mé ag dul thar mhóta na teorainne caitheadh dhá urchar liom agus b'éigean dom mé féin a chaitheamh le fána, an taobh eile, agus is dócha gur shíl an namhaid go raibh éadáil acu. D'fhan mé achar beag ansin, agus arís ag an gcoirnéal níos faide suas. Bhí foscadh an mhóta agam go Bearna an Mhaide, ach as sin ar feadh ionann is leathchéad slat, ní raibh aon fhoscadh ag aon duine.

Timpeall is an t-am sin (a dó dhéag, sean-am), tháinig carr as an Líonán aniar an bealach. Ní raibh a fhios agam cé a bhí ann, ach chuala mé arís gurb é Frank Seoighe as an Líonán a bhí ann. Nuair a bhí sé ag dul thar an sruthán a raibh na póilíos ar a bhfoscadh ann, dhíríodar a ngunnaí air, agus b'éigean dó an carr a sheasamh. Léim duine acu — an Roithléiseach — isteach sa gcarr. Nuair a chonaic an bheirt a bhí ar an gcnoc, taobh Roighne, céard a tharla, thosaíodar ag

Seán Ó Fiacháin *(Jack Feehan)* *(Máistir Ceathrún Bhriogáid Iarthar Chonamara)*

loscadh leis an gcarr. Bhíodar i bhfoisceacht 600 slat díobh an uair sin, in aice leis an gClaí Trasna. Bhriseadar an forscáth[36] gloine a bhí ar an gcarr agus chuireadar urchar trí bhacán an Roithléisigh, ach thug sé an bealach leis soir an bóthar agus an carr faoi dhéine siúil. D'imigh leis an gcarr ansin agus níor stopadar go ndeachadar ar an Mám, an áit ar thug an Roithléiseach scéala do phóilíos an Mháma, agus as sin go dtí an Teach Dóite, an áit ar chuir sé cianscéal chuig ceannfoirt na bpóilíos agus na d*Tans* i nGaillimh.

Bhí sé fiche nóiméad roimh a haon a chlog (am nua) nuair a léim an Roithléiseach ar an gcarr, agus tamall beag roimh an am sin maraíodh duine de na póilíos i gclais ghainimh a bhí ag corr an bhóthair. An deascán a bhí in éineacht leis, chaitheadar iad féin amach, ar a mbéal agus ar a n-aghaidh, ar an láib agus ar an dearglaoch ar fhoscadh móta a bhí ann, agus níor chaitheadar aon urchar ní ba mhó. Bhí fear siúil ag dul an bóthar agus chuir na póilíos scéala go dtí sagart an Líonáin go raibh fear ag fáil bháis, agus tháinig seisean (An tAthair Ó Coinneagáin) faoi dheifir aniar. Hata bog, nó caipín, agus cóta agus bríste buí a chuireadh sé taobh amuigh air féin go hiondúil nuair a bhíodh sé ag imeacht ar a rothar gluaisteáin, ach an lá seo is ar charr Mhic Eoghain as an Líonán a tháinig sé, agus cóta dubh air agus hata ard. Chuaigh sé isteach chuig an gcéad scata póilíos a bhí sa sruthán chomh luath agus a tháinig sé, agus chuireadarsan soir chuig an dara scata é. Níor aithin aon duine de na fir seo againne é, agus shíl uimhir acu gur póilí eile a bhí ann mar gheall ar na héadaí a bhí air agus thosaíodar ag caitheamh leis.

Shíl mé féin gurb é an tArdeaspag a bhí ann, i.e. an Dr Mac Giolla Mhártain, mar bhí sé ar an Líonán an lá roimhe sin. Lig mé béic ar na hÓglaigh ach níor chualadar mé. Dheifrigh mé chucu aníos ansin leis an scéal ceart ach níor chreideadar mé. D'ardaigh an sagart a lámha suas sa spéir ag tabhairt comhartha dóibh, ach níor thuigeadar é sin, is scanraigh mé go raibh an tEaspag marbh. Dúirt duine den mhuintir a bhí ann liom gur dhírigh sé an gunna air go ligfeadh sé urchar, ach chlis an t-urchar agus is cosúil gur shábháil sin é. Ar aon bhealach, níor buaileadh aon urchar air agus rith sé féin agus an tiománaí (Seán Mac Con Fhaola)[37] píosa, agus chaitheadar iad féin sa díog in aice an bhóthair, áit ar fhan siad go raibh an cath thart.

Nuair a dheifrigh mé aníos leis an scéala sin go dtí an chuid eile, bhí píosa le rith agam nach raibh aon fhoscadh agam ann ar na hurchair, agus b'éigean dom mé féin a chaitheamh ar an talamh mar bhí na póilíos ag caitheamh liom. Chuireadar cúpla urchar i bhfoisceacht timpeall is trí slata díom. Is iad a bhí ag caitheamh an uair sin, Sáirsint an Mháma (chuala mé é sin arís) agus póilíos a bhí in éindí leis. Bhí a gcloigne thíos ag an gcuid eile ar fad agus iad ar an bhfoscadh, agus a sáith faitís orthu. An scata a bhí ag corr an bhóthair, sa tseanchlais ghainimh, a d'fhéadfadh dochar mór a dhéanamh, bhíodar cniogtha an uair sin agus fear acu marbh. Chuaigh urchar trína cheann, agus dúirt an mhuintir a bhí taobh thall gurb iad féin a rinne é, agus dúirt an mhuintir a bhí taobh abhus gur orthu féin a bhí a bhuíochas. Ach ba é ba chneasta de na póilíos é.

Ó Baoighealláin a bhí air. Ach cén chiall dó a theacht inár n-aghaidh an lá sin, dá mba ea, mar is dá thoil féin a rinne sé é? Is é an míniú a chuala mé air sin, go mba mhaith leis a bheith sa láthair le faitíos go ndéanfaí an iomarca díoltais.

Ar mo bhealach suas chuaigh mé isteach i dteach Sheáin Uí Chaodháin agus fuair mé cúpla cupán tae ann, rud a theastaigh go géar uaim. Bhíodar gann san arán, ó thug Seán é féin an plúr amach ar maidin, mar shíl sé go ndófaí an teach — rud ab fhíor. Bhí an bhean agus an chlann ann agus Anna Ní Chadhain (iníon Thomáis Philip) as an nGleann Ghlais; bhíodar misniúil go maith, ach bhí go leor d'athbhaol[38] an chatha orthu ina dhiaidh sin.

Rinne mé ansin ar an áit ag Cnocán na Móna a raibh tromlach na nÓglach, agus dúirt mé leo go raibh duine de na póilíos imithe ar an gcarr — rud nach raibh a fhios acu go dtí sin — agus nár mhór dóibh a bheith ar a n-aireachas, mar is gearr go bhféadfaidís a bheith ag súil leis na féana agus *Tans* as Gaillimh. Bhí sé rud beag mall an uair sin le dul síos in aice an bhóthair leis na póilíos a ghlanadh as an bhfoscadh a bhí acu, mar d'fhéadfadh na *Tans* a theacht orthu.

Tamall ina dhiaidh sin bhí ceathrar fear in éadaí gnácha le feiceáil ag dul i leith an bóthar ag an Dún. Is é an áit a rabhamar san am, ag Cnocán na Móna, soir ó Bhéal an Mháimín. Bhí gach aon duine againn ag breathnú orthu tríd an gciandracán,[39] agus bhí cuid againn ag ceapadh gur póilíos a bhí ann. Ba chosúil duine acu le buachaill an phoist, a thagadh tuairim is an tráth sin sa lá, agus d'fhéadamar a thabhairt faoi deara tríd an gciandracán go raibh mála ar a leataobh, crochta le hiris óna ghualainn, mar a bheadh ar bhuachaill poist. Ba shoiléir go raibh fear tíre leo freisin, agus shíl mé féin gur chuid de mhuintir na háite a bhí ann ag ceapadh go raibh an troid thart; dúirt mé gan caitheamh leo, mar ba mhór an scrios dá ndéanfaí duine ar bith de mhuintir na háite a mharú, cibé céard eile a tharlódh. Shábháil an ceapadh sin a n-anam dóibh, mar níor thosaíomar ag caitheamh leo gur tháinigeadar go dtí Cora na Lí nó níos gaire.

Gearóid Mac Parthaláin
(Gerald Bartley, 1901-1975.
Oifigeach i gCeannas an Ceathrú
Cathlán de Bhriogáid Iarthar
Chonamara; toghadh ina T.D. ina
dhiaidh sin é)

Gearóid Mac Parthaláin
(Gerald Bartley), T.D.
(Le caoinchead Leabharlann Náisiúnta
na hÉireann)

Is éard a bhí ann, triúr de na *Tans* a tháinig ar thóir na muintire eile in éadaí plánáilte agus thugadar leo Micheál Ó Cadhain as an Tulach Fhraoigh, a bhí in aice an bhóthair. Idir an Dún agus an tEasán, tháinigeadar suas le bacach agus a bhean, agus thugadar leo iad mar chosaint freisin.

Bhíodar ag teacht mar sin gur tháinigeadar go dtí an teorainn, go dtí Cora na Lí, agus nuair a táinigeadar in amharc an chairr agus na ndaoine a bhí sínte i ndíog an bhóthair, bhí a fhios acu cá rabhadar. Chaith beirt acu agus Micheál Ó Cadhain iad féin i ndíog an bhóthair i dteannta an tsagairt agus an tiománaí. D'ionsaigh an tríú fear an abhainn, agus thosaigh an loscadh i gceart. Ní rabhamar dearfa den scéal an uair sin féin, gur thug sé léim amach san abhainn gur shnámh sé anall faoin mbruach a bhí ar an taobh abhus. Chonaic mé féin, a fhad is a bhí sé san abhainn, an t-uisce ag éirí i bhfoisceacht cúpla slat de, san áit ar chaith Peadar Mac Domhnaill leis, ach bhí sé mall níos mó a dhéanamh. Bhí tuilleadh urchar á gcaitheamh leis go tiubh, ach níor aimsíodh é. Nuair a tháinig sé isteach faoin mbruach, chuir sé a chaipín ar bharr an ghunna agus bhíomar ag caitheamh leis, ag ceapadh gurb é a chloigeann a bhí ann. Dúirt sé féin ina dhiaidh sin gur cuireadh poll tríd an gcaipín, ach ní raibh aon dearbhú againn ar an scéal, ná ní bhfuaireamar a dhearbhú ó shin.

San áit a raibh an gluaisteán ar an mbóthar, bhí scáil ar a chúla agus cheapfá gur fear culaithe duibhe a bhí sínte ann. Bhí na hÓglaigh ar feadh an achair ag caitheamh leis sin freisin; ní raibh ann ach scáil an chairr, ach d'éirigh leo gur chuireadar urchar trí roth an chairr, a bhí 600 slat uathu san am. Ar aon bhealach, an mhuintir a bhí sínte sa díog, bhí a sáith faitís orthu, agus rinne Micheál Ó Cadhain a fhaoistin leis an sagart; rinne duine de na *Tans*, freisin, a fhaoistin leis.

Chuaigh cuid den uimhir seo againne ansin go dtí an Cnocán Glas, taobh thiar d'Abhainn na Lí, ag súil go bhfaighidís deis níos fearr le caitheamh leis an muintir a bhí in aice an bhóthair. Chaitheadar cúpla urchar, ach níor éirigh leo aon mhaith a dhéanamh agus tháinigeadar ar ais go dtí Cnocán na Móna. Dúirt mé ansin go rachainn síos go teach Sheáin Uí Chaodháin ar thóir tae dóibh agus chuaigh mé síos. Rinne bean Sheáin Uí Chaodháin[40] túlán tae dóibh agus chaith sí a raibh de bhainne aice sa teach síos sa túlán. D'ól mé féin cupán faoi dheifir agus rith mé aníos leis an gcuid eile. Ní raibh mé ach dhá thrian an bhealaigh aníos nuair a tháinig duine ar mo thóir ag rá liom deifriú, go raibh na féana ag teacht. Rith mé ansin go dtí Cnocán na Móna agus ní raibh ann an uair sin ach Éamann (Ó Máille) agus Peadar Mac Domhnaill. D'ól gach aon duine acu cupán den tae faoi dheifir. Bhí ordú tugtha ag Peadar Mac Domhnaill do na hÓglaigh imeacht, agus nuair a d'fhéach mé i mo thimpeall, ní raibh le feiceáil ar an tulach ach mé féin agus Éamann.

Riocard Seoighe *(Dick Joyce)*

Faoin am sin, bhí na féana ionann is chomh fada leis an Easán, agus cuid acu thoir faoi theach Thomáis Seoighe. Shuigh Éamann síos ar chnocán agus chaith sé urchar leo. Stad siad go tobann agus tháinigeadar amach as an gcarr. Chaith sé an dara hurchar, agus d'airigh mé ag feadaíl ag dul amach thar mo chluasa é. Chaith mé an túlán i ndíog na teorainne agus dúirt mé leis gan níos mó urchar a chaitheamh go dtiocfadh na féana níos gaire dúinn, le go mbeadh foscadh againn. Nuair a tháinigeadar chomh fada leis an Easán, thosaíodar ag loscadh linn leis na gunnaí innleáin — rud nár chuala mé agus nár airigh mé riamh roimhe sin — agus bhaineadar macalla as Leic na bhFaol agus na halltracha thart timpeall, go gceapfadh duine go raibh a thrí oiread acu. Ní raibh acu ach trí cinn de na gunnaí innleáin, agus an méid diúraiceach a bhí acu. Trí fhéan déag a bhí sa deireadh acu agus timpeall seacht scór nó 150 fear. Bhíomar ina n-amharc ach ní dócha go bhfacadar sinn; bhí ráigeanna báistí san am ann, rud a thaitin linn mar cheileadar sinn ar an namhaid.

Shiúileamar linn ansin suas gualainn an chnoic, gan fiú amháin féachaint inár ndiaidh. Bhíomar ag ceapadh go mb'fhearr gan aon mhoill a dhéanamh, agus go mba aon chás amháin dúinn é. Thugamar cúl do na hurchair ansin, agus is éard a bhí fúinn, dul isteach ar thaobh na Lí ar an bhfoscadh ó na hurchair agus a theacht amach arís ar mullach na hAille Riabhaí, mar dá leanfaimis isteach ar thaobh na Lí go dtí Log na Graí, bheimis ag teacht in amharc arís ansin, ach ní bheadh ar mhullach na hAille Riabhaí.

Nuair a tháinigeamar amach go dtí an mullach cothrom thuas, cé a bhí romhainn ansin ach fear tinn agus fear loite. Cuireadh suas ansin iad ar maidin go moch agus beirt ag tabhairt aire

Colm Ó Gaora

Colm Ó Gaora *(in 1919)*

Briogáid Iarthar Chonamara, Colún Reatha Óglaigh na hÉireann, 1921 (*An Chéad Chathlán, an Líonán; An Dara Cathlán, Ros Muc; An Tríú Cathlán, Cloch na Rón; An Ceathrú Cathlán, an Clochán*) An Líne Thosaigh (ó chlé): **P.J. McDonnell,** *Oifigeach i gCeannas na Briogáide; an Captaen Foirne* **C. Breen**; *an Captaen Foirne* **R. Joyce**; *G. Staunton, Leas-Cheannfort an Dara Cathlán;* **Gerald Bartley,** *Oifigeach i gCeannas an Ceathrú Cathlán;* **Jim King,** *Oifigeach i gCeannas an Tríú Cathlán;* **M. Conneely,** *Aidiúnach na Briogáide; M. Conroy, Máistir Ceathrún an Tríú Cathlán;* **J. Feehan,** *Máistir Ceathrún na Briogáide. An Líne Chúil: an tÓglach J. Mannion; an Leifteanant J. Conneely; an tÓglach J. King, an Tríú Cathlán; an Captaen Foirne P. Bartley; an Ceathrú Cathlán;* **J. Dundas,** *Aidiúnach an Tríú Cathlán;* **Patrick Wallace,** *Máistir Ceathrún an Chéad Chathláin; An tÓglach* **W. King,** *an Chéad Chathlán; an tÓglach* **P. Wallace,** *an Chéad Chathlán; an tÓglach* **T. Madden,** *an Ceathrú Cathláin;* **J.C. King,** *Aidiúnach an Chéad Chathláin; an Captaen* **D. Keane,** *an Tríú Cathlán; an Leifteanant* **Thomas Coyne,** *an Chéad Chathlán.* (Na daoine a bhfuil cló trom ar a n-aimn thuas, tá cur síos orthu in *An tIomaire Rua.*)

(Grianghraf: cóipcheart ag I.J. Leonard agus a Mhac, Both Faonáin, Béal an Átha, Co. Mhaigh Eo.)

dóibh, ach an bheirt a bhí á ngardáil, bhíodar imithe. Dúramar ansin nach n-imeodh sinne uathu go n-imeoidís féin as guais i dtosach, mar ní raibh eolas an bhealaigh acu. Is éard a dhéanaimis ansin, iad a thabhairt ar an bhfoscadh agus iad a chuir suas píosa beag, nó staighre beag romhainn, agus iad a leanúint. Bhíomar mar sin gur tháinigeamar go dtí Aill an Phréacháin ar thaobh an chnoic go hard. Tháinig chugainn ansin Peadar Mac Domhnaill agus Pádaig de Bhailis agus Críostóir Ó Braoin agus tuilleadh eile. Chuir Peadar Mac Domhnaill fear isteach go Log na Graí agus go dtí barr na Lí, leis na fir a bhí imithe rófhada a cheapadh isteach. Bhí sé an uair sin tuairim is a sé a chlog.

5

Tháinig ansin ó thaobh an Líonáin cúig cinn eile de na féana agus chuir na *Tans* a ngialla rompu agus rinneadar ar an teach. Bhí an teach folamh óna deich ar maidin, agus mé féin an duine deiridh a bhí ann. Chaitheadar cúpla *bomb* isteach ann, ag ceapadh go raibh daoine ann. Chaitheadar *bomb* leis an gcapall a bhí ar an tsráid agus mharaíodar é. Chuaigh siad isteach ansin agus chruinníodar gach a raibh d'éadáil ann — an méid ab fhiú leo a thabhairt leo — agus thugadar síos go dtí na féana é.

Chuaigh cuid acu go dtí an scioból agus a gcuid gunnaí tarraingthe acu, faoi réir le duine ar bith dá raibh ann a chaitheamh. Nuair a chonaiceadar nach raibh ann ach mná, thosaíodar ag bagairt orthu, ag rá go gcaithfidís iad. Ghabhadar iad agus mhaslaíodar iad, ach ní dhearna siad aon dochar thairis dóibh. Bhí an tAthair Ó Coinneagáin leo agus an Dochtúir Cinnéide Ó Briain, a thugadar leo as Uachtar Ard le freastal ar na daoine loite. Rinne an bheirt sin iad a mhaolú anuas chomh maith agus a d'fhéadadar, agus bhí corrdhuine de na *Tans* agus de na h*Auxies* nach raibh chomh nimheanta ná chomh hurchóideach leis an gcuid eile.

Bhriseadar an ghloine ansin agus na fuinneoga, agus ba ghearr go raibh an deatach le feiceáil againn ag éirí as an teach. Bhí a fhios againn go raibh an obair thart agus Muintir Eoghain dóite. Ghabh uimhir eile isteach sna Lí go dtí teach Sheáin Uí Chaodháin agus dhódar an teach, ach níor bhacadar leis an scioból a bhí ann. D'imíodar ansin, tuairim is leathuair tar éis a seacht.[41]

Ba mhaith liom a dhul síos, go bhfeicfinn cén bhail a bhí ar an áit, agus ina cheann sin, bhí an fear tinn agus an fear loite ionann is a bheith préachta leis an bhfuacht ar bharr an chnoic, agus bhíomar ag súil go bhfaighimis poitín tigh Sheáin Uí Chaodháin; ní raibh a fhios againn san am an teach a bheith dóite. Chuaigh mé síos le fána, taobh na Lí den chnoc, agus tar éis a bheith cuid den bhealach, tháinig Séamas Mac Con Raoi chugam ar thaobh an chnoic. Bhí sé freisin, é féin agus Tomás Ó Madáin, taobh Roighne ar maidin, ach nuair nár éirigh leo aon deis mhaith a fháil ar na póilíos, tháinigeadar ar ais arís sular tháinig tromlach na d*Tans*. Ba mhaith liom é a bheith de chomhluadar liom, mar nach raibh a fhios agam i gceart nach raibh frithshuíochán déanta ag na *Tans* orainn agus go mbeimis i ngábh. Nuair a d'ísligh mé go dtí i bhfoisceacht cúpla céad slat de theach Sheáin Uí Chaodháin, d'éirigh an gasúr óg, Máirtín Ó Caodháin, amach chugam as sruthán, in áit a raibh sé i bhfolach, a fhad is a bhí an tóir ar siúl.

''An bhfuil siad imithe?' a deir sé.

'Níl a fhios agam,' a deirim, 'fan tusa ansin go dtiocfaidh mise ar m'ais.' Ní raibh a fhios agam an rabhadar ar fad imithe, agus cheap mé go mh'fhéidir go mbeadh *bomb*aí gan pléascadh sa teach nó sa scioból.

Ghabh mé go dtí an teach. Bhí an teach dóite go dtí na ballaí, ach bhí an scioból gan dó, ach go raibh na haithinní ag dul ón teach chomh fada leis, agus bhí faitíos orm go rachadh an ceann tuí trí thine. Chuaigh mé ar ais go dtí Máirtín, agus bhí Séamas Mac Con Raoi leis, agus d'inis mé dóibh mar a bhí an scéal.

'Caithfidh mé an mhuc agus an lao a thabhairt as an scioból,' a deir sé, 'le faitíos go ndófaí iad.' Bhí sé tuairim is ocht mbliana san am. Ghabhamar ar ais go dtí an scioból agus nuair a chuirimis amach an lao, ritheadh an mhuc isteach, agus nuair a chuirimis amach an mhuc, ritheadh an lao isteach. Chuireamar an chomhla trasna sa doras agus d'éirigh linn iad a choinneáil amach sa deireadh. Chroch Máirtín leis siar iad gur chuir sé isteach sa seanbhalla iad, agus chuaigh mé féin agus Séamas Mac Con Raoi síos chuig Muintir Eoghain.

Bhí an teach dóite go talamh agus an t-adhmad ina dhearglasair ar an urlár istigh. Bhí an mhuc marbh agus piléar trína ceathrú, agus bhí an capall sínte marbh ar chúl an tí. Bhí a shúile oscailte, agus ba chosúil é le capall cogaidh ar bith a gheobhadh bás san ár, bhí sé ag breathnú chomh huasal sin. Mar a duirt an Caisideach Bán leis an ngiorria:

'Níor chorp gan uaill thú ar uair do bháis.'

Ghabhamar go dtí an scioból agus fuaireamar buicéad agus thosaíomar ag cur na tine as. Bhí na beithígh ar fad cruinnithe thart sa tsráid, taobh amuigh, agus iad ag breathnú ar an lasair, agus shílfeá go raibh sórt tuiscint acu go raibh rud mícheart tite amach. Bhí bó amháin tar éis a dóite istigh sa scioból. Ní raibh mórán uisce sa sruthán a bhí siar ón teach, agus is gearr go raibh sé ídithe. B'éigean dúinn ansin a dhul síos go dtí an tobar, agus bhíomar ag caitheamh an uisce suas ar na rachtaí a bhí trí lasadh. Sa deireadh, chuireamar as an tine, agus bhí an ceann ar an scioból.[42]

Bhí sé timpeall is leathuair tar éis a hocht nó ceathrú don naoi, an uair sin, agus ó bhí sé ag éirí dorcha, dúramar go raibh sé in am againn a dhul ar thóir na muintire eile. Is ansin a chuimhnigh mé ar an bpoitín, agus ghabh mé isteach sna Lí arís ag toraíocht Mháirtín Uí Chaodháin. Ní raibh aon amharc le fáil air in áit ar bith. Thosaigh mé ag glaoch air agus ghabh mé isteach ionann is go dtí na seantithe, ach fáir na freagra ní bhfuair mé ach macalla mo ghutha féin ag teacht amach chugam as an ngleann.

Dhíríomar siar ansin go dtí teach bhean Johnny Seoighe a bhí i Muintir Eoghain (ag maoirseacht do Thomás F. Seoighe). Bhí na hÓglaigh ar fad cruinn ansin ach fear de Chlann Domhnaill as Cloch na Rón, Tomás Ó Domhnaill — 'Aodh Rua' a thugaimis air — nár fhill, agus Riocard Seoighe agus Gearóid Mac Parthaláin a bhí taobh Roighne ó mhaidin. Chuaigh an bheirt seo, tar éis an chatha, chomh fada le teach Phádraig Seoighe (Pat an tSeoighigh), a bhí sa nGabhlán, agus fuair siad béile ann. Chuamar amú ar a chéile san oíche; chuadarsan go Gleann Ghlais agus tháinigeadar chugainn lá nó dhó ina dhiaidh sin. Bhí cuid mhaith de na hÓglaigh ag ól tae agus bhí an t-arán ar fad ídithe. D'fhan mé féin agus fear eile, agus dhá dhiúraiceach againn, amuigh ag faire, go ndearnadh tuilleadh aráin a bhácáil.

Bhí muintir an tí ar fad an-lúcháireach, fáilteach romhainn, agus iad áthasach go maith gur tháinigeamar ar fad slán. Nuair a bhí an tae ólta ag gach uile dhuine, chonaic mé mar a bheadh buidéal fíona ag teacht isteach ag duine éigin, nó buidéal *port*, agus dúirt duine éigin dá raibh ann liom roinnt de a ól. D'ól mé sgloig mhaith, agus céard a bheadh ann ach uisce beatha — rud nach raibh mórán cleachtaidh agam air — ach ba mhaith é, mar sin féin.

Nuair a bhí sé tar éis a dó dhéag, d'imíomar linn trasna an Mháma idir Roighne Bheag agus Roighne Mhór go ndeachamar go dtí an Gabhlán. Nuair a bhíomar ansin, dúirt Séamas Mac Con Raoi go raibh sé á bhualadh suas; bhí slaghdán air agus a theanga bheag ata. Bhuaileamar ag an doras ag Pat an tSeoighigh, agus d'éirigh sé féin agus chuir sé fáilte romhainn, agus shílfeadh duine nár chuir sé imní ná scáth air an méid sin fear a fheiceáil agus gunnaí acu ag bualadh isteach chuige an tráth sin d'oíche. Bhí scéal an chatha aige agus is ansin a chualamar gur thug Riocard Seoighe agus Gearóid Mac Parthaláin cuairt air ar bhoilg an lae.

Lig sé isteach sinn agus níor iarramar tada air ach cúpla gabháil fhéir le cur ar an urlár. Shín bunáite na bhfear siar sa bhféar agus ba ghearr go raibh cuid mhaith acu ina gcodladh. Bhí mé féin fliuch go dtí os cionn mo ghlúine mar gheall ar an mionfhraoch fliuch, agus níor mhaith liom codladh ar an gcuma sin, agus d'fhan mé do mo théamh féin in aice na tine. D'éirigh tuilleadh eile de mhuintir an tí agus réitíodar tae dúinn. Bhí bairín breac againn a tháinig as tigh Eibhlín Ní Mháille, bean Sheáin Uí Loideáin ar an gClochán, an áit a raibh súil againn go mbeadh damhsa againn an Domhnach dár gcionn. Thug duine éigin as an teach é nuair a thosaigh an tóir, agus chaith sé ina dhiaidh é ar chosán na Lí, agus thug Éamann leis é. Ba mhaith é an uair sin, agus roinneamar le muintir an tí é.

Nuair a bhí an tae ólta agam, shíl mé go sínfinn ar an bhféar ar an urlár agus go mbeadh scaitheamh codlata agam. Shín, ach sin é a raibh de mhaith dom ann. Bhí mé ionann is fliuch go dtí mo bhásta de bharr an chnoic agus na bportach, agus nuair a shín mé siar bhí na cosa chomh fuar agam nach ligfidís dom codladh. Bhí cuid eile acu ag srannadh faoi seo. D'éirigh mé arís agus shuigh mé le hais na tine. Scaitheamh gearr ina dhiaidh sin, d'éirigh muintir an tí agus dúirt fear an tí liom go raibh leaba faoi réir agus go bhféadfainn tamall a chodladh inti. Níor ghlac mé leis an tairiscint, ach shín mé síos leis an muintir eile. Faoin am sin, bhí sé ina mhaidin, agus bhí muintir an tí ar fad ina suí.

Nuair a osclaíodh an doras, thosaigh na cearca ag teacht isteach ag súil le bia. Tháinig ceann acu isteach agus sheas sí ar mo bhaithis agus rinne sí fara di. Tá sé ráite sa *Táin* gur tháinig an éanlaith anuas ar ghualainn Chú Chulainn tar éis bháis dó, ach bhíomarna beo beathaíoch. Cheap mé, ar aon nós, nach raibh aon chabhair a bheith ag súil le codladh ansin, agus d'éirigh mé, agus chuaigh mé siar sa seomra, agus shín mé ar an leaba ann. Bhí an leaba crua, agus ainneoin gur chaith mé ceithre huaire nó os a chionn inti, is ar éigean a chodail mé néal.

Fuaireamar bricfeasta agus chuamar amach ar an gcnoc ag faire. Tháinig cúpla féan isteach chomh fada le Seanadh Farracháin ach níor chuireadar chugainn ná uainn.

6

Deireanach lá arna mhárach, shocraíomar a dhul thar an gCaol[43] go Contae Mhaigh Eo. Na teachtairí a chuireamar ar an Líonán, bhí an páipéar (*Independent*) acu aníos chugainn, le scéal Chath Mhuintir Eoghain air, agus tar éis nach raibh sé róchruinn ar phointí, bhí a bhunáite ann.[44] Bhí sé ráite go ndeachaigh na hÓglaigh (*'Rebels'*) i ndiaidh a gcúil isteach sna cnoic ó dheas (i.e. Gleann Ghlais nó Mám Toirc). B'in rud a thaitin linn, mar is ó thuaidh a thugamar ár n-aghaidh.

Chuamar síos Tóin an Mhása go dtí an Caoláire, agus bhí cúpla bád romhainn ansin ag Peadar de Bhailis agus ag muintir Ghleann na nGeimhleach. Anonn linn, agus fuaireamar fáilte chóir agus braon maith tae tigh Mhichíl de Bhailis. Chaitheamar ansin go dtí timpeall is leathuair tar éis a trí nó a ceathar a chlog. Le fochraí lae go díreach, d'ionsaíomar an cnoc arís. Chuamar amach thar an ngualainn agus síos linn go Log an Charraidh. An Bhinn Ghorm atá ar an gcnoc, ach Log an Ghearráin atá ar an taobh thoir de, agus Taobh na Binne ar an taobh thiar. D'íslíomar i leaba a chéile go dtí an loch dubh dorcha[45] a bhí ina lár, an loch is aistí dá bhfaca mé riamh.

Nuair a bhíomar ar bhord an locha, bhí sriabhán báistí ann, agus é an-fhuar. Ní raibh le feiceáil againn le glasú an lae ach an scoilteach mhór, mar a bheadh fáinne, thart ar an dá thaobh den loch, nó beagnach ar thrí thaobh de. Bhí an scoilteach sin ar a laghad trí chéad troigh ar airde. Bhí sciorrthaí in áiteanna, an áit ar thit baogracha móra cloch anuas ó na halltracha. Bhí an bháisteach ag neartú go maith faoin am sin agus bhíomar ag dul

An Caoláire Rua ag an am
(Le caoinchead Leabharlann Náisiúnta na hÉireann)

ar foscadh i measc na gcloch agus na gcarraigeacha, ach foscadh ní raibh le fáil, ba chuma cén taobh den charraig a seasfá, mar bhí an ghaoth ag síorshéideadh suas in éadan na haille, go barr an chnoic. Ba é lá Chath Mhuintir Eoghain an lá ba ghiorra a chuir mé isteach riamh, agus ba é seo an lá ab fhaide.

Tar éis a bheith timpeall dhá uair déag ansin faoi fhuacht agus faoi fhearthainn, mar a chonnacthas dom, d'fhiafraigh duine éigin díom cén t-am é. Bhreathnaigh mé ar m'uaireadóir agus bhí sé fiche nóiméad tar éis a hocht. Tar éis achar fada eile a chur isteach, bhreathnaigh mé arís uirthi. Bhí mé ag comhaireamh go raibh sé timpeall is a dó a chlog, ach nuair a bhreathnaigh mé ar an uaireadóir, bhí sé ceathrú tar éis a deich.

D'fhéachamar le tine a dhéanamh den fhraoch, ach bhí sé fliuch agus ní lasfadh sé. Thriomaigh an lá faoi cheann scaithimh. Bhí ocras mór orainn agus gan aon deis le bia ná beatha a fháil. Timpeall is a dó a chlog, níor fhéadamar a sheasamh níb fhaide,

An Caoláire Rua ag an am
(Le caoinchead Leabharlann Náisiúnta na hÉireann)

An Caoláire Rua ag an am
(Le caoinchead Leabharlann Náisiúnta na hÉireann)

agus thugamar ár n-aghaidh síos de thoil a chéile go dtí teach Mháirtín Uí Oireachtaigh i Log an Ghearráin. Fuaireamar fáilte chóir uaidh féin agus a bhean, Máire Seoighe (Iníon Thomáis Seoighe as Seanadh Farracháin). Fuaireamar béile maith uathu agus is é a theastaigh uainn. Chaitheamar an oíche ansin, cuid againn sa teach agus cuid sa scioból; fuair mé féin cúpla cuilce cairr le cur fúm ar urlár na cistine, agus thug bean an tí breacán dom le cur os mo chionn. Bhí sé maith go leor a fhad is a bhí aon ghríosach ann nó aon teas ar an teallach, ach nuair a d'imigh sin ba chorrach mo chodladh leis an bhfuacht. Dúirt mé i m'intinn féin: 'Tá mise dona go leor, ach go bhféacha Dia ar an muintir atá amuigh sa scioból!'

Lá arna mhárach, d'ionsaíomar an cnoc go Log an Charraidh arís. Bhí cábán[46] mór faighte againn ó Anraoi Mac Eoghain, beannacht Dé lena anam, a raibh an teach aíochta aige ar an Líonán. Bhí an t-éadach againn ach ní raibh na cleathacha. Bhaineamar fraoch, rud a bhí fairsing timpeall an locha, agus rinneamar sórt leaba de. Scaramar éadach an chábáin os a chionn agus chuamar isteach faoi. Bhí sé maith go leor i dtosach, gur tháinig an fuacht agus an sioc. D'éirigh liom féin go raibh mé i lár báire, ach a leithéid d'oíche níor chuir mé isteach roimhe ná ina dhiaidh. Bhí Pádraic ar colbha agus fuair sé a phréachadh i gceart. Ba chosuil le péisteanna sinn, sínte le hais a chéile. Ní raibh call glaoch orainn ar maidin le muid a dhúiseacht.

Chaitheamar an lá sin timpeall an locha agus tháinig beatha aníos chugainn as teach Mháirtín Uí Oireachtaigh agus builíní ón Líonán. Bhí carraig chothrom ann, mar a bheadh bord, agus is uirthi a ghearraimis na builíní. Ní raibh móin ná gual againn, ola mhór ná ola bheag, ná lampa; ní raibh adhmad ná giúsach ná meatháin, agus ina dhiaidh sin bhíomar in ann tae a dhéanamh dúinn féin. Bhaineamar an fraoch agus thugamar cead triomaithe dó, mar bhí an uair go breá. Fiche nóiméad a thógfadh sé an túlán a bhruith. Is é an túlán a bhí againn canna a tháinig ar mhilseán go dtí siopa éigin san áit; díol seisir nó mórsheisir d'uisce agus de thae a théadh ann, is ní raibh le déanamh ach a leagan anuas ar ghríosach an fhraoigh agus an tae a chaitheamh iseach. An ceathrú cuid de bhuilín a bhíodh le fáil ag gach duine; bhí díol duine ar bith ann, ach ba thur é an lá nach mbeadh im againn.

Níor chaitheamar an dara lá i Log an Charraidh gur tháinig na cleathacha le haghaidh an chábáin, agus chuireamar ina sheasamh é suas go maith ag bun na haille, an áit nach mbeadh sé le feiceáil ón mbóthar. Bhaineamar mionfhraoch le cur fúinn, ach bhí poill sa gcábán agus bhí an ghaoth ag teacht isteach leis an talamh. Bhíomar timpeall is 1,600 troigh os cionn chothrom na farraige, agus bhíodh sioc crua gach aon oíche. Ní raibh caill ar bith air nuair a rinneamar síos i dtosach gur neartaigh an fuacht i gceart. Bhí mé féin cothrom go maith, mar bhí an breacán tharam a fuair mé ó bhean Mháirtín Uí Oireachtaigh. An fear a bhí ar colbha, bhí sé ag luí is ag éirí mar a bheadh bó a mbeadh tinneas lao uirthi. Thit mé i néal mar sin féin, agus dúisíodh mé go tobann i lár na hoíche. An bheirt a bhí le m'ais, a bhí ag dornáil a chéile mar a chonnachtas dom, sin é a dhúisigh mé.

'Tá súil agam nár ghortaigh mé thú,' a dúirt duine acu liom féin. Bhí mé féin in arraingeacha. Is iad a bhí ann, Séamas Mac Con Raoi agus Colm Ó Gaora. Bhí an bheirt acu tinn, agus b'fhéidir fiabhras teasa orthu. An ghreasáil a fuair Colm, níl ann ach gur dhúisigh sí as a néal é; míníodh an scéal agus bhí gach uile shórt go maith. Chuimhnigh mé féin ar an seanscéal Lochlannach, i.e. Scéal Ghislí, an fear a bhí ar a chaomhnú; an uair annamh a d'fhaigheadh sé támh chodlata, chomh luath is a thiocfadh suan air, thosaíodh sé ag troid lena naimhde.

Bhí trí namhaid againn san am sin, i.e. an fuacht agus uireasa codlata agus na *Tans*. Ní raibh rud ar bith ag déanamh imní dom féin i dtosach ach go dtiocfadh neamhchodladh orainn; dá dtiocfadh, bhí sin in ann muid a chríochnú ar fad, ach buíochas le Dia, níor tháinig. Le foscadh a dhéanamh dúinn féin, bhaineamar na hualaí fraoigh agus chuireamar thart le híochtar an chábáin é. Thug sin foscadh breá dúinn is bhíodh sé compordach go maith ansin i dtosach na hoíche go dteannadh an fuacht i gceart linn. Ní fhéadfadh duine codladh ansin. D'éirínn féin amach le glasú an lae agus théinn amach ag siúl timpeall an dúlocha[47] a bhí thíos fúinn. Is gearr go mbíodh comhluadar liom! Bheidís ag teacht ina nduine agus ina nduine. Nuair a bheadh timpeall is cúigear nó seisear againn ann, d'fhadaimis tine fraoigh agus bhruithimis an canna agus dhéanaimis tae. Ó thosaíodh sin níorbh fhada a bhíodh an comhluadar ag cruinniú. Chuireamar aimsir leis an mochóireacht an samhradh sin.

Bhíomar i bhfoisceacht míle nó mar sin d'Abhainn Oirimh,[48] an abhainn is fearr bradán sa dúiche sin. Bhí cosaint ar an abhainn ag an Iarla Brún, ach ní raibh aon aird againne, ná ag fiagaithe na háite air sin. Bhí líon agus sleá ag Máirtín Ó hOireachtaigh. Chuaigh Pádraic agus Éamann síos go dtí é le titim na hoíche agus chuaigh an triúr acu amach ag saighdeadh. Mharaíodar dhá bhradán. D'fhágadar ceann acu ag bean an tí agus bhí sí leis an gceann eile a bhruith dúinn lá arna mhárach, i.e. an ceann ba mhó. Mé féin agus Pádraic de Bhailis a thug aníos é. Bhí sé éasca teachtairí a fháil i gcónaí le dul i gcoinne bia, mar gheobhaidís a sáith lena ithe sa teach. Bhí ainsiléad ag bean an tí a mheáfadh 28 punt, agus thug an bradán go tóin ar fad é. Bhí 30 punt meáchain ann agus thug sé a sáith agus fuílleach do thrí fhear fichead, cuid acu nár ith greim de bhradán riamh agus nach bhfuair a sáith lena ithe le coicís.[49]

7

Chaitheamar mar sin go dtí an ceathrú lá de Bhealtaine. Bhí sagart paróiste na háite i gcónaí cúramach faoinár n-anam, agus ar an 3ú lá de Bhealtaine thug sé isteach san oíche muid tigh Mhichíl de Bhailis, agus thug sé faoistin agus comaoineach dúinn. Bhí bricfeasta ag cuid againn tuairim is a leathuair tar éis a trí a chlog, agus ag a ceathar chonnacthas dúinn go raibh sé chomh maith dúinn a bheith ag ardú an chnoic amach arís go dtí Log an Charraidh. Bhí Éamann tamall chun tosaigh orm agus d'fhógair sé orainn breathnú soir. Bhí bóthar Chathair na Mart ag Gleann na Caillí mar a bheadh sráid baile mhóir le soilse. Bhí sé féana déag ag dul aníos go tréan i ndiaidh a chéile. Níor thráth dá fhaillí é. Chuireamar scéala chuig an muintir a bhí istigh agus bhíodarsan chugainn ar áit na mbonn. Bhí dúil agam féin a dhul ar fhoscadh an tsrutháin a bhí in aice linn agus iad a ligean tharainn. Ní raibh siad leathmhíle uainn san am agus bhí a gcuid soilse ag dul as i ndiaidh a chéile, agus is ar éigean a d'fhéadamar iad a fheiceáil le glasú an lae. Rud ba mheasa ná sin, ní raibh a fhios againn cén taobh a raibh dúil acu a n-aghaidh a thabhairt, nó cén taobh a gcuirfidís an fáinne catha timpeall air, ar chnoic Dhúiche Sheoigheach nó ar chnoic Chontae Mhaigh Eo. Ar aon nós, b'fhearr le bunáite na bhfear gach a bhféadfaidís de spás a chur idir iad agus an namhaid, agus é sin a dhéanamh gan rómhoill sula bhfáinneodh an lá agus go mbeadh amharc acu orainn.

Is í an chomhairle a rinneamar, a dhul suas inár mbeirt agus inár mbeirt go dtí barr na Binne Goirme, agus duine agus cóta glas air, agus duine agus cóta dubh a bheith le chéile. Mé féin agus

Pól Bheairtle an chéad bheirt a cuireadh suas leis an sruthán. Bhí mo chóta dubh orm féin san am. Chothaíomar leis an sruthán nó thíos ann a fhad is a d'fhéadamar, ach bhí alltracha chomh mór sin ann agus b'éigean dúinn a dhul amach ar learg an chnoic. Nuair a fhanas duine le hais srutháin nó claí nó sconsa, ní bhíonn sé chomh feiceálach is a bhíonn nuair atá sé amach ar an réiteach.

Bhí an lá tubaisteach fuar agus é ag cur flichshneachta. Níor mhiste é sin mar ní raibh aon léargas ceart ar na cnoic. Bhaineamar barr an chnoic amach agus sin é an áit a bhfuaireamar an préachadh i gceart. Shuíodh Pól Bheairtle síos ar fhoscadh an phortaigh ach ní raibh aon mhaith dó ann, mar ní foscadh a bhíos in aon áit ar fhíormhullach cnoic. Níor mhaith linn imeacht níos faide mar bhí eolas agamsa ar an gcnoc agus níor mhór liom an mhuintir eile a chur ar a n-aireachas, mar nuair a ghabhfá tamall le fána an taobh eile, thiocfadh an scoilteach úafásach romhat, agus an té nach raibh eolas aige air, ghabhfadh sé amach thar bhruach na haille agus thitfeadh sé le fána. D'fhanamar ansin go raibh a mbunáite tagtha agus shiúileamar thart timpeall an bhairr go bhfuaireamar bearna bheag san aill agus thug sé sin le fána sinn.

Shroicheamar an campa agus bhí na fir ag teacht ina mbeirt agus ina mbeirt. Bhí gaoth uafásach fuar ann agus ba dheacair seasamh taobh amuigh. Chuaigh cuid acu isteach agus shíneadar síos ag súil le codladh nó le foscadh. Chuaigh mé féin agus Éamann go mullach an chnoic arís agus thugamar an ciandracán a bhí againn linn le faire a dhéanamh ar na saighdiúirí agus na *Tans*. Bhí an t-uafás saoil féana le feiceáil ag réabadh soir agus siar ón Líonán. Do réir mar a rinne cuid de mhuintir an Líonáin comhaireamh orthu, bhí naoi gcinn déag agus ceithre scóir acu ann, agus ionann is dhá mhíle fear. Bhí sé fánach againn a dhul chun teagmhála leis an méid sin.

Tar éis a bheith dhá uair ar mhullach an chnoic dúinn, bhíomar ionann is a bheith sioctha leis an bhfuacht, agus thugamar ár n-aghaidh ar an gcampa arís. Chuireamar beirt eile, Riocard Seoighe agus Gearóid Mac Parthaláin, amach ag faire. Ní raibh siad an-fhada imithe gur tháinig siad ar ais le scéala go raibh eitleán os cionn na mBeanna Beola. Níor thráth dá fhaillí é. Ba gheall le bádóirí ag stríocadh a seolta sinne ag leagan an chábáin. Rinneamar burla den éadach agus chuireamar an fraoch os a chionn. Chaitheamar na cleathacha in easca le hais cnocáin, is chrochamar ár ngunnaí agus ar mbagáiste linn.

Bhí orainn dul go mullach an chnoic arís agus a bheith faoi réir le haghaidh na teagmhála dá dtiocfadh sí orainn. Ní rabhamar dearfa an uair sin féin nach raibh an namhaid thart orainn. Is éard a shíl mé féin an uair sin agus ar maidin, go mb'fhéidir go mbeadh orainn bealach a ghearradh amach tríd an bhfáinne agus go marófaí cuid mhaith againn. Ach nuair a thagann an fhíorchontúirt i do mhullach ar ócáid den sórt sin, ní chun meatachta a théas sé duit, ach déanann tú cruachan in aghaidh na hanachaine. Chuimhnigh mé ar a liachtaí gaiscíoch maith a fuair bás ar son na hÉireann. Ní raibh le fáil againn ach aon bhás amháin, agus cén bás is uaisle a d'fhéadfaimis a fháil. Mar a dúirt Caiptín Seoirse Ó Máille:

Más é an bás a gheall Mac Dé dúinn,

Cén gar atá á shéanadh,

Ach a dhul go Flaithis Dé dúinn,

Ar son staid amhain.

Is dócha gurb in é an ceapadh a bhí ag gach uile dhuine againn.

Bhí sé ag cur ceathanna flichshneachta ó am go ham, agus é chomh fuar leis an éag ar mhullach an chnoic. Bhí eolas agam ar chompóirt[50] na háite sin ón maidin roimhe sin agus dúirt mé nach rachainn go dtí an fíorbharr, mar dá mbeadh tada ag teacht go mba ghearr go bhfaighimis scéala air. D'fhan mé féin agus duine nó beirt eile in easca sa mBearna, an áit a raibh roinnt foscaidh. Bhíomar sínte ar éadan an chnoic agus dá mhéad é an fuacht, leis an tuirse a bhí orm, is ar éigean a d'fhéad mé gan titim i mo chodladh. Chaitheamar ansin go dtí a hocht nó a naoi a chlog deireadh lae, gur chomhaireamar féana Chathair na Mart ag dul ar ais arís sa gcomhaireamh céanna ar tháinigeadar ar maidin. Ansin a tháinigeamar le fána agus d'itheamar an bagún fuarbhruite — nó leathbhruite ba chóra a rá — a bhí againn ón lá roimhe sin.

Tháinig scéala chugainn go raibh ceann de na féana in aice an Líonáin, agus thuigeamar gurb in post a d'fhágadar ag faire go gcruinneoidís cúnamh inár n-aghaidh arís. Tháinig luathrá eile chugainn gur tháinig uimhir de na *Tans* go Cluain Cearbán ó

An Líonán agus an Caoláire Rua ag an am
(*Le caoinchead Leabharlann Náisiúnta na hÉireann*)

thuaidh dínn, agus níor fhág an scéal sin gan imní sinn. Níor fhéadamar tuilleadh achair a chaitheamh sa gcampa agus b'éigean dúinn cúl a thabhairt dó tamall tar éis titim don oíche. Chuamar thar an ngualainn ar an taobh ó thuaidh agus chuamar síos le fána, taobh Ghleann Dá Bhoc. Bhí mé ar bharr an chnoic cúpla lá roimhe sin ag breathnú ar an ngleann sin, agus chonnacthas dom nach raibh sé in Éirinn aon ghleann is uaigní áille ná é. Bhí baile cónaithe ag an sionnach féin ann, bhí sé an fad sin ó ghleo agus chorraíl daoine.

Ghabhamar le fána taobh an chnoic agus bhí sé rite go maith in áiteanna, agus ba dheacair siúl le dorchadas na hoíche. Bhí mé féin chun deiridh le cuid eile, agus scata maith de na fir thíos fúinn, agus bhí amharc againn ar éigean orthu le solas an lae. Dúirt Éamann linn gan na clocha a bhí ar an gcnoc a chur le fána ónár gcosa. Is ar éigean a bhí an focal as a bhéal nuair a d'imigh cloch le fána ó chos duine éigin, agus bhí sí ag cruinniú luais de réir mar a bhí sí ag imeacht. Cé a bhuailfeadh sí i dtaobh an chinn ach Liam Mac Con Fhaola, an fear a ndeachaigh piléar trína chos dhá lá roimh Chath Mhuintir Eoghain. Chuir sé béic bheag as agus thit sé.

'Tá tú réidh anois,' a dúirt mé i mo intinn féin. 'Ní bheimid in ann thú a iompar, agus má chuirimid isteach i dteach thú, gabhfar thú.' Ach dar fia, d'éirigh sé ina sheasamh arís agus shiúil sé leis chomh maith is a bhí sé riamh.

Nuair a bhíomar in íochtar Ghleann Dá Bhoc agus muid ag déanamh anonn ar an mbóthar, bhí breacadh an lae ann agus bhí orainn deifriú le go mbeimis suas tamall taobh an chnoic sula dtiocfadh solas an lae. Dá fhuaire dá raibh an mhaidin, bhíomar ag cur allais ag ardú suas an chnoc, agus nuair a shroicheamar barr an chnoic sin bhí fáinniú bán an lae ann. Tamhnaigh Ard atá ar an gcuid sin den chnoc, ach Gleann na Mura atá ar an gcuid is airde de. Is é an cnoc is fuaire i gConnachta é. Níl aon lá, mórán, ó thosach an gheimhridh go dtí an deireadh nach mbíonn barraíl sneachta air. Nuair a bhíomar ar bharr Thamhnaigh Ard, bhí feannadh gaoithe ann, agus é chomh fuar leis an éag. Bhí leac oighir ar íochtar na bportach ann, agus gan aon fhoscadh. Bíonn portaigh ar mhullach gach uile chnoc i gConnachta, agus bhí an fuacht agus tuirse chomh mór ar chuid de na fir go raibh siad á gcaitheamh féin faoi bhruach na bportach agus ag titim ina gcodladh. Bhí rud le déanamh ag cuid againn á ndúiseacht arís mar bhí contúirt ann dá gcaithfidís tamall ina gcodladh nach mbeidís in ann éirí.

Bhíomar ag siúl siar agus aniar ar an bhfáslach (lagphortach) idir na bruacha, ag iarraidh teas a choinneáil inár gcolainn. Dá bhfanfaimis tamall beag bídeach inár seasamh, d'aireoimis na glúine ag lúbadh agus sinn ag titim as ár seasamh leis an gcodladh. Bhíomar mar sin go dtí a seacht nó a hocht a chlog, agus sinn tuirseach, ocrach, drochmhisniúil. Ansin chuireamar daoine síos ar thóir bia. Is iad an bheirt a cuireadh síos, Gearóid Mac Parthaláin agus Riocard Seoighe, agus síos go teach Sheáin Mhic Giobúin, fear a raibh muinín mhór againn as, a chuadar. Cé go raibh an cnoc timpeall is dhá mhíle troigh ar airde, is ar éigean a bhí uair go leith caite go rabhadar aníos arís chugainn, agus lán canna mhóir mhilltigh de thogha tae acu, agus fuílleach aráin agus ime. Bhí teas maith sa tae agus leagamar air gan mhoill, agus bhí a sheansáith ag gach uile dhuine againn ann. Bíonn caitheamh agus cáineadh ar tae, ach is é an t-eolas a chuireamar air, nach bhfuil bia cruthaithe chomh maith le tae, arán agus im don té atá ag déanamh go leor siúlóide mar a bhíomar. Bhíomar buartha brónach gur ólamar an tae, ach bhíomar meidhreach agus ag gabháil fhoinn[51] nuair a bhí sé ólta againn, dá fhuaire dá raibh an mhaidin. Ansin, ghabhamar ar fad ar ár nglúine, ansin ar mhullach an chnoic sin, in amharc Chruach Phádraig agus dúramar an Paidrín Páirteach; Pádraic Ó Máille agus Colm Ó Gaora a bhí á rá, gach re deichniúr i nGaeilge, agus muide á fhreagairt.

Timpeall is a haon nó a dó a chlog, d'íslíomar síos go dtí ceann de na sruthán mhóra atá sa ngleann ar an taobh ó thuaidh. Bhí folcadh ag cuid againn san uisce glan soilseach a bhí sa sruthán. Timpeall is a trí a chlog thosaigh ocras ag teacht arís orainn. Chuireamar beirt síos go dtí an teach ba ghaire dúinn sa ngleann. Fear de Mhuintir Ghábháin a bhí ina chónaí ann. Tháinig scéala ar ais chugainn faoi cheann uaire nach raibh aon tae istigh acu san am go rachadh an iníon ar an Líonán á choinne, agus bhí an Líonán ocht míle bealaigh uathu. Bhí sin suarach go leor ach ní raibh sí i bhfad ag imeacht ná ag teacht ar rothar a bhí aici. Sinéad Ní Ghábháin a bhí uirthi.

Timpeall is a sé nó a seacht a chlog tháinig sé fliuch, agus chuamar síos go dtí trí theach, teach Sheáin Mhic Giobúin a thug an tae dúinn ar maidin, teach Ghábháin agus teach Mhichíl Uí Chadhain. Bhí fáilte romhainn i ngach teach acu. I dteach Mhichíl Uí Chadhain a bhí mé féin agus fuaireamar béile maith ann. Nuair a bí sé in am codlata, cuireadh triúr againn in aon leaba, mé féin, Peadar Mac Domhnaill agus Éamann Ó Máille. Bhí leaba eile sa seomra agus bhí fear an tí agus a dheartháir inti. Bhí cuid mhór den seomra pacáilte le holainn, rud a raibh meas mór uirthi san am. Chodlaíomar an oíche sin go maith, go dtí tuairim is a cúig a chlog. Tar éis bricfeasta a fháil ansin, b'éigean dúinn an cnoc a thabhairt dúinn féin arís.

8

CHAITHEAMAR AN LÁ SIN ar an gcuma chéanna ar chaitheamar an ceann roimhe, agus tháinigeamar anuas go dtí na tithe céanna, teach an Ghiobúnaigh, teach Ghábháin, agus teach Mhichíl Uí Chadhain. Tháinig scéala chugainn an oíche sin go raibh soithí de chabhlach Shasana sa gCaoláire, agus cheapamar go raibh fúthu ionsaí eile a thabhairt fúinn. B'éigean dúinn éirí ag a dó a chlog, agus bhí an oíche fuar stoirmiúil agus é ag bagairt báistí. Bhíomar cinnte go mbeadh sé ina chath sula dtiocfadh maidin. Fuaireamar bricfeasta maith tae agus cnámha muice agus leagamar air i gceart. D'ionsaíomar amach ansin sa stoirm, agus chuimhnigh mé féin ar an bposóid a bhíos ag saighdiúirí ag dul chun catha roimh ghlasú an lae. Níor thaitin gotha an scéil linn, ach ar ócáid den sórt sin ní dhéanfá an dara smaoineamh ar a leithéid. Bhí sé socair againn Maol Réidh a thabhairt dúinn féin, agus chuireamar scéala ar fud an ghleanna go dtí an mhuintir eile.

Bhí abhainn idir sinn agus an bóthar agus bhí orainn dul thairsti. Bhí planc trasna an phoill san áit ba chaoile a bhí an abhainn, agus bhí sé domhain go maith taobh thall. Is cuimhin liom féin gur mé an duine deiridh a bhí ar an tsail; mar ní raibh sí in ann go leor a iompar, ní rachadh níos mó ná triúr ná ceathrar i gcuideachta uirthi. Is é Peadar Mac Domhnaill, an caiptín, a bhí chun tosaigh agus nuair a bhí sé i bhfoisceacht coiscéim den talamh taobh thall, d'éirigh sé de léim den phlanc le dul ar an mbruach. Sin rud a bhfuair mé féin foghlaim air i nGleann Ghlais leathbhliain roimhe sin, go mbíonn rud i bhfad níos faide uait san oíche ná a cheapfá, agus ní raibh an fhoghlaim in aisce agam. Níor shroich a chos an bruach, agus thit sé síos san abhainn. Bhí sé fliuch go dtí a bhásta nuair a tháinig sé aníos aisti, agus b'éigean éadaí tirime a chur ar fáil dó, agus chuir sin farasbarr moille orainn.

Bhí orainn brostú orainn mar níor mhór dúinn Fionnloch (*Delphi*) a bheith scoite againn sula dtiocfadh fáinniú an lae. De réir mar a bhí solas an lae ag teacht, bhí cuid den chomhluadar a bhí liom féin ag feiceáil soilse ón gcuan ag teacht idir na crainn. B'in iad soilse an chabhlaigh, dearfa! Is minic is é an rud a thaitníos le duine, nó an rud a chuireas scanradh air, a fheiceas sé. Nuair a tháinigeamar in amharc an chuain, ní raibh long ná bád le feiceáil agus thugamar ár n-aghaidh siar ar Mhaol Réidh.

Nuair a bhíomar timpeall is trí mhíle siar ó theach an Bhúrcaigh, stadamar ag tulán a bhí ansin in aice leis an sruthán mór. D'fhágamar scéala ag an mBúrcach (Micheál?) go ndeachamar an bealach. Nuair a bhíomar thiar ansin ní raibh sé ina lá. Chonaiceamar scata daoine tamall síos uainn agus chuireamar fear síos níos gaire dóibh go bhfeicfeadh sé cé a bhí ann. Stiofán Ó Mainnín a chuaigh síos, agus an fear a chuaigh ina dhiaidh, fuair sé Stiofán sínte ar an tulach agus a ghunna dírithe orthu. Níorbh fhada go raibh a fhios againn gur cuid eile d'uimhir seo againn féin a bhí ann. Tháinigeamar ar fad i leaba a chéile go raibh an scata ar fad sa sruthán.

Bhí ceathanna beaga ann ar feadh an lae ach thug bruacha an tsrutháin foscadh dúinn. Chuimhníomar ar an rud a dúirt Eochaidh Ó hEodhusa.[52] Bhíomar ansin go dtí timpeall is a trí a chlog tráthnóna, ansin tháinig Séamas de Búrca — deartháir Mhichíl chugainn. Bhí cúpla buidéal mór tae aige agus roinnt aráin. Is gearr ba lón dúinn é, ach ba mhaith le fáil é, agus laghdaigh sé roinnt den ocras. Chaitheamar ansin ag faire agus ar garda go raibh sé ina dheireadh lae, timpeall is a hocht nó a naoi a chlog. Ansin ruaig an t-ocras aniar sinn agus níorbh fhada gur bhaineamar teach an Bhúcaigh amach. Bhí trí fhear fichead againn ann, agus ní rabhamar cúig nóiméad istigh go raibh sé huibhe agus dhá fhichid ag Bean an Bhúrcaigh ar an mbord agus dalladh aráin agus tae. Bhí gach uile shórt ar fheabhas, mar a bheadh sé i dteach aíochta. Chaitheamar an oíche sin sa teach agus bhí an tríú cuid de leaba agam féin, agus ba mhór an compord é sin.

Théimis go mullach na gcnoc, nó suas leis na srutháin, lá ar bith a bhíodh go breá, agus b'aoibhinn an áit a bheith le hais na sruthán sin is na gleanntáin sléibhe úd le héirí gréine. Bhí aill scoilteach mhór i nGleann Choinnile ar an taobh ó thuaidh de, is tá sí céad troigh ar airde. Tá aill eile i Maol Réidh atá trí nó ceathair de chéadta troigh níos airde ná í. Bhíodh Béal an Mháma, in aice le Maol Réidh, go minic faoi cheo. Mar a dúirt Seán Mac Conmara faoin long:

> B'airde a cuid deataigh ná ceo Bhéal an Mháma,
>
> Agus chreathnódh sí tránna Chontae Mhaigh Eo.

Níor chuir an namhaid chugainn ná uainn a fhad is a bhíomar ansin, agus an 23ú lá de Bhealtaine rinneamar comhairle a dhul thar an gCaol arís ar ais go Conamara.

Cnoc Maol Réidh

9

An 23ú lá de Bhealtaine san oíche, oíche ghealaí, shiúileamar thar Fhionnloch go Bun Dorcha agus go dtí an Gheárd,[53] agus casadh isteach i dteach Phádraic Uí Nia muid. Chuaigh a mhac sin, Seán Ó Nia ar thóir Mhichíl Uí Chadhain, i.e. Micheál Thomáis Antaine, a rugadh agus a tógadh sa gCoilleach Bheag. Sin iad a rinne ár n-iomlacht anonn go dtí Doire na Cloiche nó timpeall míle go leith siar ón Líonán. Chuaigh cuid den scata siar go dtí an Ros Rua agus Salroc agus na bealaí sin. Chuaigh an ghealach faoi tar éis sinn a theacht i dtír. An uimhir a bhí liom, soir a thugamarna ár n-aghaidh le dul chomh fada le Coilleach an oíche sin. Colm Ó Gaora, Riocard Seoighe, agus Éamann Ó Máille a bhí liom féin agus ní cuimhin liom cé eile.

Bhí dúil agam féin a dhul an bóthar chomh fada le teach Mhichíl Mhic Con Raoi ar an Líonán, agus ansin an cnoc a thabhairt dúinn féin ar chúla an bhóthair, ach b'fhearr leis an bformhór an cnoc a ardú siar ó theach Mhic Eoghain, agus sin é an cnoc a chéas sinn. Ní raibh ann ach clocha agus carraigeacha, agus bhíomar dár leagan gach uile phointe. Is beag nach ndeachamar dár mbá i moing os cionn an bhaile. Chrochamar an cnoc píosa eile gur tháinigeamar chomh fada le habhainn an Líonáin, agus ní raibh sé éasca a dhul thairsti de shiúl oíche lena raibh d'alltracha agus de charraigeacha inti. Rinneamar soir ansin os cionn an bhaile, i.e. baile an Líonáin, agus bhí go leor creagán agus tulán ar thaobh an chnoic, agus bhíomar dár leagan gach uile phointe. Bhí sriabhán báistí ann freisin. Bhí mé féin an-áthasach as a fheabhas is a bhí ag éirí liom nuair a d'airigh mé na cosa ag imeacht uaim agus gan rud ar bith fúthu. Shíl mé nach stopfainn go brách, ach an rothlú le fána. Ar mhullach sconsa a bhí mé ag siúl agus gan fios agam air, agus sheas mé ar an aer.

Bhí sé ionann is a cúig a chlog nuair a rinneamar teach Thiobóid Seoighe ar an gCoilleach amach, i.e. deartháir mo mháthar. Fuaireamar bricfeasta ansin, agus chuaigh cuid againn a chodladh sa teach sin agus cuid eile i dteach Artúir Seoighe, atá lena ais. Fuair mé féin agus Colm Ó Gaora leaba mhaith chompordach ó bhean Artúir Seoighe agus níor dhúisíomar go raibh sé a dó a chlog tráthnóna. Tá Artúr Seoighe agus a bhean ar shlí na fírinne anois, go ndéana Dia trócaire orthu.

Lá arna mhárach, ghabhamar amach go dtí Gleann Ghlais ag tionlacan[54] Choilm mar ba mhaith leis muintir an taobh ó dheas a fheiceáil agus ní raibh eolas rómhaith aige ar na cnoic. Nuair a chuamar go Gleann Ghlais ní raibh siad slán ón scanradh a baineadh astu nuair a bhí saighdiúirí agus póilíos cruinnithe orthu ina gcéadta, an 10ú lá de Bhealtaine. Is iad is faide a bhí leis an gcaomhnú, agus is minic an té is faide a bhíos leis an troid an té is lú a bhfuil dúil aige tuilleadh di a fháil. Mar a déarfadh an Gearmánach, bheidís *abgekämpft* nó sáraithe, féachta, ag an troid. Bhí cuid de na daoine a casadh dúinn ar an mbealach ag rá go raibh cuid de spíodóirí na bpóilíos ag cothú sna cnoic ag faire orainn. Bhí a fhios againn nach raibh ansin ach cuid den scanradh. Casadh Pádraic Seoighe (Pat Johnny Bhig) dúinn i Muintir Eoghain agus dúirt sé linn gur chuala sé an luathrá sin faoi na póilíos ag dul thart.

'An bhfaca tú aon cheann acu?' a d'fhiafraíomar de.

'Ní fhaca mise aon cheann, ar chaoi ar bith?' a dúirt sé.

Chruthaigh sé ar ócáid eile, nuair a thug na *Tans* cuairt ar an áit, gur duine misniúil piocúil a bhí ann. Maidir le muintir Ghleann Ghlais, bhíodar thar cionn agus ní féidir go brách an iomarca molta a thabhairt dóibh as a fheabhas is a sheasadar ó thosach go deireadh, go mór mór Muintir Phádraic Uí Chadhain (Pádraic Philip), muintir Thomáis Uí Chadhain (a dheartháir) agus Pádraic Seoighe (Paddy Mór) agus a mhuintir. Chuir sé áthas mór orthu sinn a fheiceáil slán arís. Chaitheamar an oíche sin i nGleann Ghlais tigh Thomáis Philip (Tomás Ó Cadhain).

Bhí sé socair ag an mbuíon óglach imeacht ina scataí beaga ón Ros Rua aniar go dtí Muintir Eoghain nó an Ceann Garbh ar bhord Loch Measca. Níor mhaith linn imeacht as na cnoic, mar ba iad na cnoic ar gcraoibhín dúchais. B'fhiú na céadta fear iad, mar chuireadar critheagla ar an namhaid. Níor bhain an namhaid Sasanach aon leas, mórán, as na póilíos agus na *Tans* ach amháin ar an mbóthar, agus is iad na saighdiúirí a chuireadar ag tóraíocht is ag cuardach na gcnoc.

Bheadh an chléir fear, agus iad ar fad in éineacht, an-damáisteach ar theach ar bith, agus níor mhór iad a scaradh amach. Sa gach uile áit ar ghabhamar bhí na daoine an-chóir, róchóir, d'fhéadfadh duine a rá, agus luíodar an-mhór orthu féin. Murach go raibh siad rídheisiúil de bharr an airgid a bhí déanta acu ar stoc — beithígh agus caoirigh — in imeacht an chogaidh agus cúpla bliain ina dhiaidh, ní fhéadfaidís a sheasamh. Duine ar bith nár chleacht é, níl aon samhail aige den méid atá scata fear lúth láidir a bhíonn ag siúl an gcnoc, cé mhéad atá siad in ann a ídiú, go mór mór nuair a chaitheas siad laethanta gan a sáith a fháil lena ithe. Mar a dúirt Crassus, an Rómhánach a bhí ann le linn Iúil Caesar: 'Ní fhéadfadh fear ar bith a rá go bhfuil sé saibhir mura bhfuil sé in ann arm a chothú.' Dá laghad é arm na hÉireann, ní i ngan fhios don tír a cothaíodh é. An mhuintir a chuidigh lena dhéanamh, ba chóir a n-ainm a bheith ar rolla dea-dhaoine Éireann go dtí deireadh aimsire.

10

Sa Márta, timpeall is mí sula ndearnadh an teach, rinneamar fuarbhoth bheag ar thaobh na hAille Riabhaí, go díreach faoi Aill na bPúiríní. Bhí cró beag a rinneadh ansin, timpeall is ceithre scór nó céad bliain roimhe sin. Dhoimhníomar an t-urlár síos sa talamh, mar ní fhéadfadh na ballaí a bheith ach dhá throigh nó trí os cionn na talún. Chodail mé féin agus Éamann ann dhá oíche sheaca sa Márta gan aon díon os ár gcionn agus fuaireamar ár bpréachadh i gceart.

Anois a theastaigh sé uainn i gceart. Nuair a dódh an sciobol i Muintir Eoghain, thit an t-iarann le fána, ach ó chuir Séamas Mac Con Raoi agus mé féin an tine as sular ardaigh sí, ní dhearnadh aon dochar don iarann agus bhí cuid de na rachtaí slán freisin. Bhí ansin ábhar cinn don fhuarbhoth againn, idir iarann agus mhaidí. Chuireamar na hiarainn trasna uirthi, agus scraitheacha, go mór mór scraitheacha raithní, os a cionn le nach mbeadh amharc ná aithne ag an namhaid air. Bhí mé féin ag breathnú uirthi, nuair a bhí sí déanta, ó bharr na hAille Riabhaí, agus ní bheadh eolas ag aon duine gurb é a leithéid a bheadh ann. Bhí áit cheathrair le codladh istigh sa mbothán sin. Bhí sí ceithre throigh ar airde istigh inti ó urlár go ceann iarainn. Is minic a chóirigh mé leapacha inti agus ba dheacair a dhéanamh. Is é an sórt leaba a bhí againn, an fraoch a chroitheadh ar an urlár. Bhí dhá phluid úra againn a fuaireamar as Gaillimh — dhá phluid dhúbailte. Bhí leathcheann fúinn ar an bhfraoch agus ceann go leith tharainn. Bhíodh an madra sínte ag ár gcosa agus ar ár gcosa go minic. Nuair a bhíodh an t-an-fhuacht ann, ba mhaith leat go suífeadh nó go sínfeadh duine nó madra ar do chosa.

Nuair a tháinigeamar ar ais as Gleann Ghlais, is brónach an gotha a bhí ar Mhuintir Eoghain — an teach agus an scioból dóite, is gan díon le fáil in áit ar bith. Tháinig cith báistí aniar agus b'éigean dúinn dul ar fhoscadh na binne. Chuimhnigh mé ansin ar an rud a dúirt Eoghan Mac Craith:

> Maith fear a rinne an teach,
> Maith teach atá go huaigneach.

Chuaigh mé soir go Bearna an Mhaide, le hais theorainn na Lí, ag tóraíocht na miodóige a chaill mé lá an chatha. Céard a d'éireodh chugam aníos as cúl sconsa ach an madra a bhí againn. Ba é an t-aon cheann de chomhluadar an tí a d'fhan ag cumhdach na háite. Bhí sé ag lúitéis liom féin agus thugamar linn é.

Bhí an bhuíon scaipthe ar fhad na gcnoc, mar atá ráite agus thugaimis cuairt ar a chéile agus chuirimis scéala chuig a chéile dá mbeadh aon dainséar ann. Bhí scailp ag Liam Mac Con Raoi i gcnoc Mhuintir Eoghain in aice leis na Staighre Dubha. Thug sé cuireadh dom féin an oíche a chaitheamh leis. Ní raibh aige ach foscadh idir dhá charraig a bhí tite in aghaidh a chéile. Bhí sop tuí aige faoi agus paca olla thairis. Sin iad na héadaí leapa a bhí aige. Thug sé an taobh is fearr den scailp domsa. Bhí gaoth láidir ag séideadh idir an dá charraig, ach bhí an oíche chomh meirbh is nár mhiste linn é. Chodlaíomar an oíche go maith, ach bhí pian i mo leataobh ar maidin. D'áitigh mé ag cartadh agus chart mé aníos meall mór cloiche a bhí fúm. Bheadh an dara hoíche ní ba chompordaí dá gcaithfinn ann í ach níor chaith.

Bhíomar oíche sa mboth ag Aill na bPúiríní i Muintir Eoghain agus timpeall ar a ceathair a chlog ar maidin d'airíomar an torann ar an mbóthar. Mise ba ghaire don doras nó don phóirse a bhí ar an mboth agus is mé a d'éirigh. Ní fhaca mé tada agus níor chuala mé tada.

'Airímid an torann,' a deir an mhuintir a raibh cluas le talamh acu. Ní fada go bhfaca mé féan ag teacht agus ceann eile ina dhiaidh, agus ceann eile. Bhíodar ag teacht go raibh seacht gcinn acu glanta siar. An suíochán a bhí ag Ceathrú Chinnéide i bhfoisceacht sé mhíle de Chathair na Mart ba chionsiocair leis. Óglaigh Chathair na Mart agus Umhaill a tháinig roimh dhá fhéan póilíos agus mharaíodar seisear acu agus loiteadar ochtar, agus ghéill an chuid eile, agus fuair siad a ndiúraicigh agus a n-éadáil ar fad. Ba é an gníomh ab fhearr a rinneadh in aon áit in Éirinn chomh deireanach sin sa gcogadh.[55] Is mór an feall go raibh an mhuintir a rinne é ar an dá thaobh in aghaidh a chéile ina dhiaidh sin.[56]

Ní dhearnamar sa gcás sin ach an beagán againn a bhí sa mboth a dhul go dtí barr na hAille Riabhaí agus fanacht ann tamall den

An leacht i gcuimhne ar luíochán Michael Kilroy agus Bhriogáid Iarthar Mhaigh Eo d'Óglaigh na hÉireann ar na Dúchrónaigh agus ar an R.I.C. i gCeathrú Chinnéide, Co. Mhaigh Eo.
(Seo an inscríbhinn: *Tógadh an leacht seo i gcuimhne Bhriogáid Mhaigh Eo Thiar d'Óglaigh na hÉireann a sheas an fód go calma anseo i gCill Mhíona faoi cheannas an Ghinearáil Micheál Mac Giolla Rua in aghaidh arm na Sasanach 19 Bealtaine 1921.*
Tá a leathcheann de leacht i nGleann Oiste, soir ó thuaidh ó Bhaile Uí Fhiacháin i gCo. Mhaigh Eo)

Fir an Iarthair, Colún Reatha Michael Kilroy

(*Ceathrú Rannán an Iarthair, agus iad ar leiceann theas Néifinne i Contae Mhaigh Eo ar an 21 Meitheamh 1921.*)
Chun tosaigh: *An Dr J.A. Madden.* Líne 1 (ó chlé): *G. Gavin; T. Heavey; J. Duffy; J. McDonagh; P. Kelly; J. Moran; J. Flaherty; B. Cryan; M. Staunton.* Líne 2: *M. Naughton; J. Hogan; J. Hearney; D. Simmon; J. Keane; J. Connolly; R. Joyce; P. McNamara; W. Malone.* Line 3: ***M. Kilroy***; *T. Ketterick; E. Moane; J. Gibbons; J. Walsh; P.J. Cannon; P. Lambert; J. Kelly; J. Doherty; B. Malone; J. Rush;* **J. Ring.** (*Grianghraf: cóipcheart ag J.J. Leonard agus a Mhac, Both Faonáin, Béal an Átha, Co. Mhaigh Eo.*)

84

lá. Ina dhiaidh sin fuaireamar bricfeasta tigh Sheáin Uí Chaodháin (Seán Bheairtle) agus ba mhaith óna bhean béile a ghléasadh. Bhí sí misniúil lá an chatha agus bhí sí oibleagáideach ar gach uile ócáid agus ní raibh sé féin ar deireadh.

Timpeall an ama sin thugamar cuairt ar Mhuintir Néill i nGleann Creamha. An chéad am a ndeachaigh Pádraic (Ó Máille) ar a chaomhnú (ó Bhealtaine 1918 go dtí Iúil 1921), thug Micheál Ó Néill cuireadh dó agus dúirt sé uair ar bith a raibh bia agus leaba de dhíth air, go raibh sin le fáil agus fáilte, ina theach féin. Chuaigh Éamann agus mé féin amach ann agus bhí giollacht mhaith agus fáilte le fáil ann gan bhréag. Bhí bean Mhichíl Uí Néill agus a chlann ag baint bairr dá chéile ag iarraidh gach uile chóir dá fheabhas a chur orainn. Ba bhreá Gaelach tuisceanach an bhean í agus í ina cainteoir maith Gaeilge. Bhí Micheál Ó Néill bocht ar a leaba san am le cancar ina mhuinéal.

Bhí seomra agus leaba bhreá fúinn againn agus sin rud nár chleachtamar le tamall maith roimhe sin. Ní bheadh sé níos fearr sa teach aíochta ab fhearr i mBaile Átha Cliath. Nuair a shíneamar sa leaba dúirt mé gurb í an aireag is fearr ar chuimhnigh intleacht an duine uirthi leaba mhaith chompordach. Rud ab fhearr arís, bhíomar ag comhaireamh go rabhamar chomh slán sábháilte ann is dá mba i lár na Síne a bheimis. Ní raibh imní ná eile orainn a fhad is a bhíomar ann.

Is minic a thugamis cuairt orthu na laethanta fada samhraidh. Bhí an chlann iníon, Cáit agus Bríd, lách fáilí freisin, agus iad dathúil. Bhíodh go leor bó le bleán acu agus théimis ag bleán na mbó leo, nó de chomhluadar leo, mar is iadsan a dhéanadh é. Ní raibh caill ar bith ar an saol sin. Sean-Bheairtle Ó Caodháin agus a mhac Micheál a bhí ag maoirseacht dóibh agus ó bhí seanaithne againn ar Bheairtle, is iomaí píosa maith cainte a bhíodh againn le chéile. Ba mhaith an cainteoir agus an seanchaí é Beairtle — beannacht Dé lena anam — agus bhí amhráin bhreá Ghaeilge aige. Bhí cuid mhór de na seanamhráin aige. Scríobh mé síos cuid mhaith acu roimhe sin uaidh ach dódh i dteach Pheadair (Uí Mháille) i gCorr na Móna iad nuair a dhóigh na *Tans* é. Aimsir bhearrtha na gcaorach a bhí mé ag caint le Beairtle.

'Ní fheicfidh Micheál Ó Néill a chuid caorach á mbearradh arís go brách,' a dúirt sé. B'fhíor dó. Fuair sé bás an bhliain sin. B'fhear cóir gnaíúil é. Go dtuga Dia suaimhneas síoraí dó.

11

D'FHAN MAR SIN GO dtí an ceathrú lá d'Iúil. Lá brothallach samhraidh a bhí ann. I Muintir Eoghain a bhíomar. Cheap mé féin agus Éamann go rachaimis ag snámh san abhainn. Bhí go leor cainte ar shocrú san am agus cheapamar nach raibh aon dainséar ann. Mar sin féin dúramar go mb'fhearr gan a bheith róghar don bhóthar. Thiar in aice le teorainn na mBreatnach a chuamar ag snámh. Tar éis scaithimh chuir mise orm mo chuid éadaigh agus d'fhan Éamann á ghrianadh féin ar an mbruach. Níorbh fhada gur airíomar an torann ag teacht. D'ardaigh mé mo chloigeann agus chonaic mé féan *Tans* ag teacht agus ceann eile ina dhiaidh, agus ceann eile. Bhí seacht gcinn ar fad acu ann.

Is gearr an mhoill a bhí ar Éamann ag cur air a chuid éadaigh. D'ardaigh sé a chloigeann go b'fheicfeadh sé an raibh siad glanta siar. Céard a d'fheicfeadh sé ar an mbóthar go díreach ar ár n-aghaidh i bhfoisceacht céad go leith slat dínn ach féan *Tans*. Ní raibh eadrainn ach an criathrach, gan foscadh ná ceilt ar bith. Bhí drochghotha ar an scéal. Ní raibh d'airm againn ach dhá rothphiostal bheaga. Ba shuarach an chosaint iad san áit a raibh céad fear armáilte éadaithe. Shámar na piostail isteach i mbruach na habhann. Is éard a bhí ceaptha againn a dhéanamh dá ndéanfaidís oraínn, suí ar bhruach na habhann agus ligean oraínn féin gur fleascaigh den tír sinn a bhí ag snámh agus ag caitheamh an Domhnaigh. Ba shuarach an seans é, ach bhíomar dóite go maith ag an ngrian, mura gcuimhneoidís céard ba chiontach leis an dó sin. Ní raibh páipéar ná litir inár bpócaí.

Tráthúil go leor, bhog an t-inneall leis arís. An t-inneall a bhí as ordú. Ba ghearr an mhoill orainn imeacht soir leis an abhainn agus nuair a bhíodar go maith as amharc an cnoc a bhaint amach. Bhí ciandracán againn sa mboth ag Aillín na bPuiríní, agus chomh luath is fuaireamar greim air sin bhreathnaíomar siar. Bhíodar ag cuardach an bhaile ba ghaire dúinn, an Choilleach Bheag. Nuair a d'imíodar as sin chuireamar teachta siar go bhfaighimis scéala an ndearna siad aon oiriseamh ar an Líonán. Tháinig an scéal ar ais againn go raibh seacht bhféan ar an Líonán.

Níor fhág sin gan imní sinn, ach mar sin féin nuair a tháinig an oíche chuamar a chodladh sa mboth. Tháinig Tomás Ó Máille as Béal Átha na mBreac, agus Pól Seoighe anoir le scéala deireadh lae go raibh seacht bhféan *Tans* ar an Líonán. Do Sheán Ó Caodháin (Seán Bheairtle) a thugadar an scéala le tabhairt dúinn. Tháinig sé chugainn go dtí an bhoth agus bhí sé chomh corraithe is nár thóg sé an scéal i gceart, is dúirt sé linn go raibh scéala faighte aige go raibh seacht bhféan *Tans* ar an Mám. Bhíomar tar éis a dhul ar an leaba agus níor mhaith linn éirí. Ach bhí gotha chomh dona ar an scéal is nach raibh a mhalairt le déanamh. Ach cén áit a dtabharfaimis ár n-aghaidh? Ní raibh a fhios againn cén limistéar a raibh an fáinne catha agus cuardaithe le cur timpeall air. Cheapamar dearfa go bhfuair siad scéala go rabhamar i Muintir Eoghain agus go mbeadh an áit sin istigh ann.

Fuaireamar cupán tae tigh Sheáin Uí Chaodháin agus thugamar ár n-aghaidh ar Bhinn Uí Choinneáin agus an Mharfaigh[57] i lár na hoíche. Nuair a bhíomar ag ardú Shál an Choltair ar thaobh na Marfaí, ní raibh madra sa nGleann nach raibh ag tafann. Shílfeadh duine nach raibh aon teach as sin go dtí an Mám nach raibh á ransú. Ach bhí seanchleachtadh againn ar mhadraí agus a mbéasa.

Bhaineamar barr Bhinn Uí Choinneáin amach agus tar éis gurb é an 4ú Iúil a bhí ann bhí sé tubaisteach fuar i mbarr an chnoic. D'fhanamar ansin go raibh sé ag breacadh an lae. Nuair a bhí sé ag fáinniú lae d'airíomar troistneach uafásach ag teacht. Taobh Ghleann Tréig a bhíomar san am agus ritheamar trasna go dtí an taobh eile mar chonnacthas dúinn go raibh scata mór féana ag teacht bóthar na seanghráinsí, i.e. bóthar na Fuaiche. Ní raibh aon cheann le feiceáil ach ní fada go raibh a fhios againn cén fáth a bhí leis. Eitleán a bhí os ár gcionn. Ní dhearnamar ach suí síos cois cnocáin gan cor ná car a chur asainn agus é a ligean tharainn. Bhíomar ag comhaireamh nach raibh aon seans go bhfeicfidís sinn. Ach ní rabhamar gan imní mar sin féin gur bhailigh sé as amharc.

Chuamar taobh Ghleann Tréig arís. Bhí sé ag fáinniú lae go díreach. Bhí Gleann Tréig agus Loch Measca thíos fúinn. Bhí an ceo ag éirí de na hoileáin i leaba a chéile le lonradh agus le teas na gréine. Bhí dath órbhuí ar an gceo le solas na gréine, agus bhí na hoileáin ag teacht in amharc i leaba a chéile agus an ceo ag éirí agus ag scaipeadh, agus an loinnir ag teacht ar oileán agus loch agus gleann.

Rinneamar dearmad ar an eitleán a bhí nóiméad roimhe sin ag foluain os ár gcionn. Rinneamar dearmad go raibh ár n-anam i gcontúirt. Rinneamar neamhní de gach uile rud ach an t-aoibhneas a chur Dia os comhair ár súl. Is éard a dúramar, dá mbeadh áit chomh deas le Loch Measca is Gleann Tréig sna Flaithis go mba dheas an áit na Flaithis. Chonaic mé Loch na Fuaiche agus Loch Gile le solas na gealaí, agus Lochanna na hIodáile agus na hEilvéise, ach ní fhaca mé riamh aon léargas nach scarfaidh le mo chuimhne go héag ach an léargas sin.

Scar an comhluadar agus d'ísligh mé féin agus Éamann go Gleann Tréig. Chonnacthas dúinn go bhfacamar mar a bheadh campa saighdiúirí ag an Snámh, i.e. ag droichead Chill Bhríde. Bhí a leithéid ann ach d'imíodar an mhaidin sin.

Ní raibh a fhios againn cén taobh a raibh an namhaid ag tabhairt a n-aghaidhe. Is cosúil go raibh sé d'intinn acu gan cead a thabhairt deireadh a bheith leis an gcogadh gan sásamh a bhaint amach ar son Mhuintir Eoghain agus Cheathrú Chinnéide. Is timpeall ar chnoic Chontae Mhaigh Eo, an méid atá siar ó bhóthar Ghleann na Caillí, a chuireadar an fáinniú catha agus cuardaithe.

Nuair a d'airigh muintir Chontae Mhaigh Eo an tóir ag teacht, thugadar a n-aghaidh ar na cnoic, ag déanamh ar an gCaoláire agus ar an Líonán. Ní raibh eolas rómhaith acu ar na cnoic agus is beag nach ndeachadar i sáinn. Bhí cuid acu (Seosamh Ó Rinn agus tuilleadh eile) sna cnoic nuair a bhí na saighdiúirí á gcuardach. Bhíodar faoi scailp charraige sa bhfraoch agus bhí na saighdiúirí chomh gar sin dóibh is go bhféadfaidís a lámha a leagan ar a gcosa. Ach tháinigeadar slán as an ngábh sin.

Bhí cuid d'uimhir seo againne i mBun Dorcha (ó thuaidh den Chaol) nuair a d'airíodar an tóir ag teacht, agus is ar éigean a thugadar a gcraiceann slán. Ach tháinigeadar thar an gCaol in am go dtí an Ros Rua, Salroc agus na bealaí sin. Míle buíochas le Dia, thug sé slán sinn ar fad. Níor chailleamar aon duine amháin sa gcogadh.

Nuair a d'íslíomar i nGleann Tréig shíneamar ar thaobh an chnoic agus ní rabhamar nóiméad ansin go rabhamar inár gcodladh. Is é teas na gréine a dhúisigh sinn. Rinneamar ansin ar theach Sheáin Uí Mháille, fear a raibh gaol againn féin leis. Tá an fear bocht ar shlí na fírinne anois, go ndéana Dia grásta air. Fuaireamar fáilte ansin agus chuir a bhean seomra deas agus leaba ghlan ghleoite faoi réir dúinn. Níor chleachtamar mórán le cúpla mí roimhe sin ach arán agus tae. Bhí greadadh bainne le fáil sa teach sin agus dúramar go dtréigfimis an tae tamall agus aghaidh a thabhairt ar an mbainne. Níor sheasamar an dara lá é. Níor réitigh sé linn. Ní raibh bia ar bith in ann cinneadh ar an tae.

Nuair a bhíomar ag ísliú i nGleann Tréig bhí raithneach ard ar gach taobh dínn. Bhí sí go dtí ár nguaillí. Ní fhaca aon duine ag teacht isteach sa ngleann sinn dá barr; dá bhfeicfeadh féin, ní déarfadh aon duine aon rud a mbeadh dochar ann mar bhíodar ar fad dílis don chúis. Ach bhí faitíos againn i gcónaí roimh an mbéal ráiteach. Bhí spíodóir Sasanach (as Londain) ar an Líonán le cúpla mí roimhe sin. Bhíodh sé ag iarraidh scéalta ó mhná na háite, ach ní bhfuair sé éadáil. Lig sé air gur sórt leathdhuine a bhí ann. Níor cheart dúinn a fhágáil ann an fad sin. Is dócha dá mairfeadh don chogadh nach bhfágfaí.

Nuair a bhíomar cúpla lá i nGleann Tréig theastaigh ó Éamann a dhul ag breathnú ar theach pobail Fhionnaithe. Bhí sé ina fhoirgneoir[58] ar an teach pobail sin agus ba mhaith leis féachaint cén chaoi a raibh sé ag dul ar aghaidh. Ghluais linn soir go dtí an Droinn agus chuamar isteach i dteach Shéamais Mhic Sheoinín (Ceoinín). Bhí fáilte mhór aige féin agus ag a bhean romhainn. Dúirt siad linn fanacht ar dhinnéar. Réitigh an bhean béile d'fhataí céadfhómhair agus de bhagún dúinn. Chonnacthas dúinn go mba é an béile ba dheise a d'itheamar riamh é. Thugamar cuairt ar an teach pobail agus ní gan chontúirt é mar bhí sé i ngar don bhóthar agus ní raibh aon chonair éalaithe as dá dtiocfadh an tóir. Ach tháinigeamar ar ais slán agus thugamar aghaidh ar theach Sheáin Uí Mháille arís.

Lá arna mhárach thug Liam Mac Con Raoi agus Tomás Ó Máille cuairt orainn. Thugadar cuireadh dúinn tamall a chaitheamh leo féin sa scailp a bhí acu ar bhord Loch na Fuaiche. Bhí brádán báistí ann agus bhí áit chompordach againn mar a bhíomar, ach mar sin féin mhealladar trasna an chnoic sinn. Is é Micheál Ó Briain as an gCorr Riabhach a bhí ag coinneáil beatha leo. Ní dúirt siad leis go raibh siad ag súil le tuilleadh comhluadair an oíche sin.

Nuair a tháinigeamar go dtí an scailp, is éard a bhí inti carraig mhór mhillteach timpeall is míle tonna meáchain, agus carraig bheag fúithi á coinneáil crochta den talamh. D'fhág sin póirse beag isteach fúithi. Bhí sin timpeall is céad slat aníos ó bhord an locha, i.e. Loch na Fuaiche. Ní raibh d'éadaí leaba acu ach pluid nua a fuair Tomás Ó Máille óna mháthair agus sop beag tuí fúthu. Nuair a bhí sé in am codlata ghabhamar isteach sa scailp. Bhí áit mhaith go leor ag beirt inti ach ba shuarach an áit do cheathrar í. Thugadar ómós an strainséara dom féin. Bhí lochta beag aníos sa scailp agus is ansin a cuireadh mise. Bhí carraig bheag fúm agus an charraig mhór mhillteach os mo chionn. Bhí go díreach áit duine sa lochta ach níor mhór do dhuine a chosa a chur isteach i dtosach agus é féin a tharraingt isteach mar a dhéanfadh péist. Dá gcorrófá do chloigeann bhuailfeá do bhaithis faoin gcarraig. Thug mé iarracht ar sciorta den phluid a chur tharam. Bhuail mé cúl m'uillinne ar an gcarraig agus bhí mé ag caoineadh le pian ar feadh leathuaire. Bhí an triúr eile caite i mullach a chéile sa log a bhí in íochtar. Bhí an oíche an-te. Níor fhéadadar a sheasamh. Chuaigh Tomás Ó Máille amach le taobh na carraige agus d'iarr sé iasacht mo chóta mhóir orm le cur thairis.

D'fhanamar mar sin go maidin. Chodail mé féin go dtí a cúig a chlog nó b'fhéidir ina dhiaidh agus ansin d'éirigh mé amach le taobh na carraige le comhluadar d'fhear mo chine agus mo chomhainm. D'éirigh Éamann go gairid i mo dhiaidh. Sin é an t-am ba ghnách linn éirí. Thosaigh sé ag brádán báistí. D'fhanamar mar sin go raibh sé a hocht a chlog — an t-am ba ghnách linn bricfeasta a fháil. Ach ní raibh aon bhricfeasta. Ní dúirt áitreabhaigh na scailpe leis an mBrianach go raibh siad ag súil le comhluadar agus níor ghnách leo féin éirí go dtí a haon déag nó a dó dhéag a chlog.

Timpeall is ceathrú chun a dó dhéag tháinig an Brianach agus buidéal cáirt tae aige agus roinnt aráin. Bhí mé féin ag comhaireamh gur gearr a rachadh an méid sin ar cheathrar a bhí ag siúl na gcnoc agus a raibh a ngoile go maith acu. Ach gnaíúil go leor, níor chaith an bheirt a bhí linn mórán agus bhí ár sáith againn. Bhí sriabhán báistí ar feadh na maidine agus is é an chaoi a raibh sé ag neartú tráthnóna. Ba dheacair a sheasamh gan aon fhoscadh mar ní raibh an charraig in ann aon fhoscadh a thabhairt dúinn. Bhí náire orainn imeacht ar ais go dtí teach Sheáin Uí Mháille ach tuairim is a trí a chlog d'ardaíomar an cnoc ag dul go Muintir Eoghain.

Bhí ceo mór anuas leath bealaigh ar an gcnoc agus ní raibh sé gan contúirt a bheith ag imeacht tríd an gceo mar bhí alltracha cuid mhaith ann. Ach bhí cleachtadh maith againn ar chnoic agus ceo. Is éard a rinneamar, ardú i dtosach go dtí an fíorbharr. Ansin chothaíomar an líne is airde ar an gcnoc agus as sin go Binn Uí Choinneáin. Bhí an ceo leath bealaigh anuas ar Bhinn Uí Choinneáin. D'íslíomar síos a fhad is a bhí an ceo, agus nuair nach raibh aon chosúlacht dainséir i dtaobh ar bith rinneamar an bealach síos go dtí teach Stiofáin Seoighe, i.e. Stiofán Bhrabsan. Fear gnaíúil agus fear seasmhach a bhí i Stiofán i gcónaí agus thugadh sé bia chuig Pádraic an chéad bhliain a chaith sé i nGleann Ghlais.

Bhí Pádraic ansin romhainn agus fuaireamar béile maith i dteach Stiofáin, rud a theastaigh uainn. Bhí sé féin amuigh ag faire dúinn mar ní raibh a theach i bhfad ón mbóthar. Deireadh lae chuamar ar ais arís go dtí an bhoth a bhí i Muintir Eoghain againn, agus chaitheamar ann go dtí an Domhnach.

Timpeall is a dó nó a trí a chlog Dé Domhnaigh bhíomar in aice leis an teach. Chonaiceamar gluaisteán ag dul an bealach agus stop sé glan díreach ar aghaidh an tí, i.e. san áit a rabhamar, agus d'ísligh duine as.

Bhí a fhios againn go raibh an sos cogaidh le bheith ann lá arna mhárach, ach ní raibh a fhios againn gur cuireadh teachtaire as Baile Átha Cliath chuig gach uile bhuíon in Éirinn a bhí ag troid, le hordú a thabhairt dóibh teacht suas ar an sos agus gan é a bhriseadh.

Chonaiceamar an fear pioctha gléasta ag déanamh orainn. Bhí ár gcuid éadaigh féin ionann is stiallta stróicthe agus sinn dubhaithe dóite ag grian is ag gaoth. Is é a bhí ann, Domhnall Ó Donnchadha, a cuireadh chugainn as Baile Átha Cliath leis an teachtaireacht. Bhí sé pioctha bearrtha gléasta is dá dtiocfadh sé glan díreach as Paris nó Hollywood.

Níor aithníomar é. D'fhiafraigh sé dínn cén áit a raibh Pádraic; go mba mhaith leis é a fheiceáil. Ní fhéadfadh duine a bheith dearfa de strainséir ar bith sa saol a bhí ann. Labhair mé féin i nGaeilge leis agus thug sé freagra sásúil dom. Ansin thug mé go dtí Pádraic é. Measaim gur i gCoilleach a bhí sé san am. Cuireadh ansin scéala chuig Peadar Mac Domhnaill agus an chuid eile.

Bhí sé ag tarraingt ar a hocht a chlog nuair a bhíomar ar ais i Muintir Eoghain. Dúirt Éamann go mba mhaith leis a dhul go

Sraith Salach ag breathnú ar an teach pobail a bhí sé a dhéanamh i Sraith Salach. Chinneamar ar dhul go Bun na gCnoc an oíche sin. Ag fiche nóiméad tar éis a hocht go díreach a bhogamar linn. Soir faoi bhun na Leice, i.e. Leic na bhFaol, a chuamar, as sin don Doirín agus go Mám Gamhna. Ní dhearnadh aon siúl thar na cnoic sin ba sciobtha ná a rinneamar. Chuamar amach thar an Mám, trasna abhainn Ghleann Fhada agus Leaba Phádraig i Mám Éan. Ní raibh aon samhradh mórán riamh ba thirime ná an samhradh sin, ach mar sin bhí sruthán breá glan fíoruisce ag rith le fána anuas ó na Cnoic Bhreaca. Tar éis paidir a rá ag Leaba Phádraig, chuamar go Bun na gCnoc.

Nuair a d'íslíomar anuas ag an mbaile bhí scata de mhuintir an bhaile cruinn, agus bhí sé ag titim na hoíche go díreach ann. Bhí sé timpeall is ceathrú don aon déag. Is ar éigean a d'fhéadamar na daoine a fheiceáil. Chuireamar bun cén áit a raibh teach Phádraic Seoighe, i.e. Pádraic na gCnoc. Thugadar go dtí an teach sinn agus bhí fáilte agus fiche ag Pádraic agus a bhean romhainn agus fuaireamar béile agus leaba ghlan ghleoite le codladh ann.

Níl aon fhear i gConamara is mó a bhfuil eolas aige ar chnoic Chonamara agus Chontae Mhaigh Eo ná Pádraic na gCnoc — measaim sa deireadh go raibh Pádraic Ó Máille chomh maith leis — mar chaith Pádraic Seoighe seal maith dá shaol fada ag plé le díolaíocht phoitín agus á iompar ó áit go háit. Ach bhí an cheird sin fágtha ina dhiaidh aige le fada. San am sin is ar éigean a bhí teach ar leith sna cnoic nach bhfaighfeá poitín; dá gcasfaí fear leat ar mhullach an chnoic nó i lár an tsléibhe d'fhéadfá fiafraí de 'an mbeidh deoch agat?' agus dá ndéarfadh sé go mbeadh, ní bheadh i bhfad le siúl agat go bhfaighfeá í.

Chuamar síos ar maidin go dtí an teach pobail agus bhí na fir ag obair taobh istigh ann. Bhí an ceann air. Ag a dó dhéag a chlog

Gleann Fhada

Gleann Fhada

a bhí an sos comhraic le bheith ann. Ag a haon déag go díreach céard a d'fheicfimis ag teacht ach lán féana de na *Tans*!

D'fhéadfá a rá go ndúramar leis na fir stad ón obair go raibh siad glanta tharainn agus go mb'fhada linn é, mar ní raibh rud ar bith ab fhearr leo ná deis a fháil orainn. Chuamar suas ansin go dtí colbha an locha a bhí suas sa sliabh, agus chaitheamar ann gur ghlan sé a dó dhéag. Bhogamar linn siar go dtí teach aíochta Shraith Salach.

Bhí an cogadh thart.[59]

Bainis Phádraic Uí Mháille agus Eileen Acton in Óstán Vaughan i mBaile Átha Cliath, Meán Fómhair 1921
Líne 1 (ó chlé): **Jack Feehan** *(An Líonán); Dick O'Toole (Tuar Mhic Éadaigh); Diarmuid O'Hegarty (Dáil Éireann); Gearóid Ó Súilleabháin, T.D. Líne 2: **Miss Whelan** (An Clochán, máthair Thomas Whelan); Peter Joyce (Meathas Troim, Co. an Longfoirt); Thomas F. Joyce (Na Grigíní); Olive Joyce Rowlands (Rathúin); Eileen Acton; **Pádraic Ó Máille**; an tOllamh Tom Fahy; **Arthur Griffith**; Sara (Ní Mháille) Farrell; **Michael Collins**; Liz O'Toole.*
Líne 3: **Tomás Ó Máille** *(Coill Mhíolcon); an Dr Michael Browne (Cathair na Mart); **Éamonn Ó Máille**; James Joyce; **Sinéad Ní Mháille**; P.K. Joyce (An Clochán); Bridget Lowry Uí Mháille (Corr na Móna); **Tomás Ó Máille**; Eibhlín Ní Scanláin, **Peter McDonnell** (An Líonán); May Joyce; Jim Begley; Irene Joyce; an tAthair Dan Corcoran; an tAthair Éamonn O'Malley. Líne 4: **Nell** (Garret) **Uí Mháille**; an Dr Arthur Joyce (Rathúin); Annie Wallace; Úna Joyce; Paul Joyce (Na Grigíní); **Colm Ó Gaora** (Ros Muc); _____; Peadar Ó Máille; Peter Acton; Con Collins, T.D. (an Chéad Dáil).*
(Le caoinchead Leabharlann Náisiúnta na hÉireann)

Bainis Thomáis Uí Mháille agus Eibhlín ('Ellen') Ní Scanláin i nGaillimh, Iúil 1923

Líne 1 (ó chlé): Sara (Ní Mháille) Farrell; _____; **Sinéad Ní Mháille**; Bessie Ní Scanláin; Eibhlín Ní Scanláin; **Tomás Ó Máille; Tomás Ó Máille** (Coill Mhíolcon); An tAthair J. Scanlan; Eileen (Acton) Uí Mháille; Christina (Ryan) O'Malley; Madge (O'Malley) Carolan; Sal (Joyce) O'Malley; Líne 2: Brigid (Farrelly) Uí Mháille; _____; An tAthair Scanlan; _____; Liz O'Toole; _____; An tAthair Edward O'Malley; May Joyce; **Nell** (Garret) **Uí Mháille.** Líne 3: Ina (O'Malley) Ó Beirn; Martin Farrell; Peter Joyce, (Meathas Troim, Co. an Longfoirt); Peadar Ó Máille; Irene Joyce; **Éamonn Ó Máille;** (píobaire). Líne 4: _____; Conor O'Malley; Michael O'Malley; Tomás O'Toole; _____ Joyce; Séamus Ó Beirn; Dick O'Toole.

99

Joseph McGrath, T.D.; Michael Collins, T.D.; Seán Mc Garry, T.D.; Pádraic Ó Máille, T.D.; W.T. Cosgrave, T.D.
(ag cruinniú ar son an Chonartha i bhFaiche an Choláiste, Baile Átha Cliath, Márta 1922)
(Le caoinchead Leabharlann Náisiúnta na hÉireann)

R. Barton
(Cill Mhantáin Thiar)

D. Mulcahy
(Cluain Tarbh)

Con. Collins
(Luimneach Thiar)

P. Shanahan
(Calafort Bhaile Átha Cliath)

S.J.O. Swiney
(Dún na nGall)

Kevin O'Higgins
('Contae na Banríona')

E. Duggan
(An Mhí Theas)

D. Buckley
(Cill Dara Thuaidh)

P. Beasley
(Ciarraí Thoir)

D.J. Ryan
(Loch Garman Thoir)

J. Ward
(Dún na nGall Theas)

An Dr Crowley
(Maigh Eo Thuaidh)

J. Bourke
(Tiobraid Arann Láir)

R. Sweetman
(Loch Garman Thuaidh)

J. Doherty
(Dún na nGall Tuaidh)

John Hayes
(Corcaigh Thiar)

J.J. O'Kelly
(Lú)

An Cunta Plunkett
(Ros Comáin)

Cathal Brugha
(Port Láirge)

J.T. O'Kelly
(Faiche an Choláiste)

P.J. Molony
(Tiobraid Arann Theas)

Pádraic Ó Máille
(Gaillimh)

J.J. Walsh
(Corcaigh)

An Bardasach Thos
Kelly
(Faiche Stiabhna)

Teachtaí ag an gCéad Dáil, Eanáir 1919 (bhí cuid mhaith de na Teachtaí sa phríosún)

(Le caoinchead Leabharlann Náisiúnta na hÉireann)

Pádraic Ó Máille
(É gléasta ina shagart; imtheorannaíodh é in Frongoch, i dtuaisceart na Breataine Bige tar éis dó a bheith ag troid faoi cheannas Liam Mellowes i nGaillimh in 1916, agus deirtear gur chuidigh cailín Breatnach leis éalú as agus é gléasta ina shagart.)

Nótaí

Na nótaí a bhfuil lúibíní cearnacha orthu, is nótaí nua iad le haghaidh an eagráin nua seo.

1. [Ba é Tomás Mag Uidhir an tOifigeach i gCeannas ar Bhriogáid Dheisceart Mhaigh Eo. Féach an cuntas ar Chath Thuar Mhic Éadaigh ar lch 107, an cuntas nuachtáin ar lch 122-23, agus in Uinseann Mac Eoin, *Survivors* (Baile Átha Cliath: Argenta Publications, 1980) lch 284-88.]

2. [Féach nóta 1 thuas maidir le cuntais ar Chath Thuar Mhic Éadaigh.]

3. [Thug Roger Casement cuairt ar theach na Máilleach i Muintir Eoghain in 1914 le haghaidh cruinniú – féach nóta 30 thíos.]

4. Piaras Béaslaí, *Life of Michael Collins*; Dan Breen, *My Fight for Irish Freedom* [féach nóta 1 Ghearóid Uí Thuathaigh ar lch 15].

5. In imeacht 1936 d'fhoilsigh *An tÉireannach* cuntas a scríobh Cú Uladh ar Éirí Amach 1916 – T.S. Ó Máille.

6. [An Mhór-Roinn; féach 'leatha' i bhFoclóir an Duinnínigh.]

7. [An coinscríobh]

8. [Féach Kathleen Villiers-Tuthill, *Beyond the Twelve Bens*, an dara heagrán (Baile Átha Cliath: Connemara Girl Publications, 1990) lch 191-97.]

9. ['An Choilleach Bheag' (agus an t-alt roimhe) atá ag an Máilleach sa téacs, ach tá 'le Coilleach' agus 'i gCoilleach' (gan an t-alt) aige freisin. Níl aon sampla ina bhfuil an t-alt ag an mBrainse Logainmneacha.]

10. ['Na Gruigíleacha' atá sa téacs ag an Máilleach ach 'Na Grigíneacha' atá sna foinsí oifigiúla logainmníochta.]

11. [I nGabhlán na Lí, i nGleann Ghlais a bhí an scailp (pluais) seo. Tá sí ann fós agus í marcáilte leis an bhfocal 'cave' ar an léarscáil in Tim Robinson, *Connemara Map and Gazeteer*, eagrán nua (Gaillimh: Folding Landscapes, 2005); féach feisin an cur síos uirthi sa *Gazeteer*, lch 103. Cuireadh doras agus fuinneog inti, agus tá radharc soiléir ar Ghleann Ghlais aisti. Bhí áit tine inti agus scoilt sa charraig os a cionn leis an deatach a thabhairt ar shiúl. Féach pictiúir di ar lgh 25 agus 26 agus ar an gclúdach cúil.]

12. [Peadar Mhac Dhomhnaill a bhí sa bhuneagrán.]

13. [Colún reatha, is é sin buíon Óglach a thugtaí le chéile le hionsaí a dhéanamh ar fhórsaí na Breataine.]

14. [Raidhfil atá i gceist le 'diúraiceach'.]

15. [Féach 'sceits' in T.S. Ó Máille, *Liosta Focal as Ros Muc* (Baile Átha Cliath: Preas Ollscoile Éireann, 1974).]

16. [An cuan atá idir Garmna agus an Cheathrú Rua.]

17. [Ceanada, an tír, atá i gceist anseo.]

18. [Thomas Whelan. B'as an gClochán é Thomas Whelan. Chuaigh sé go Baile Átha Cliath agus bhí ag obair ann. Chuaigh sé sna hÓglaigh. Gabhadh é agus cuireadh ina leith gur lámhach sé an Captaen Baggally ar Dhomhnach na Fola, 21 Samhain 1920. Mhaígh sé go láidir nach raibh sé ciontach. Crochadh é ar an 14 Márta 1921 ag 6 a.m. Bhí sé ar dhuine den deichniúr ar dí-adhlacadh a gcorp as Príosún Mountjoy i mí Dheireadh Fómhair 2001. Athadhlacadh, faoi ghradam, coirp naonúir den deichniúr sin i Reilig Ghlas Naíon

i mBaile Átha Cliath, Thomas Whelan ina measc. Féach cur síos air in Kathleen Villiers-Tuthill, lch 202-16.]

19. [Seo áit sceirdiúil i mBeanna Beola, in aice le Loch na hUilleann, soir ó dheas ó Leitir Fraic; féach cuntas air in Colm Ó Gaora, *Mise*, eagrán nua (Baile Átha Cliath: An Gúm, 1969) lch 247.]

20. [Féach an cuntas nuachtáin ar lch 123-36; Colm Ó Gaora, lch 245-48; Kathleen Villiers-Tuthill, lch 209-16.]

21. [In aice le Ros Muc atá Scríb.]

22. [Ag ceann sheanbhóthar Ghleann Trasna a bhí cuid de na hÓglaigh ag fanacht, agus an chuid eile díobh ar an mbóithrín ar an bhfuil an seanséipéal Protastúnach i nDoire Bhanbh (taobh thoir de Scríb). Féach an cuntas nuachtáin ar an luíochán ar lch 136-37; Colm Ó Gaora, lch 248-51; Proinsias Mac Aonghusa, *Ros Muc agus Cogadh na Saoirse* (Baile Átha Cliath: Conradh na Gaeilge, 1992) lch 22-26.]

23. [Dúchrónach]

24. [Ar an díoltas a rinne na Dúchrónaigh oíche luíochán Scríbe, dódh cúig theach i Ros Muc, teach Choilm Uí Ghaora ina measc.]

25. ['srianadh' a bhí sa bhuneagrán.]

26. [Ba in 1916 a glacadh le Meánam Greenwich in Éirinn, agus is dócha go raibh an seanchóras ama agus an córas nua á n-úsáid i dteannta a chéile go ceann tamaill ina dhiadh sin.]

27. [Féach an léarscáil ar an leathanach laistigh den chlúdach tosaigh.]

28. [Féach Kathleen Villiers-Tuthill, lch 225.]

29. [Féach Kathleen Villiers-Tuthill, lch 197-98.]

30. [Seo giota as cuntas faoi Shinéad Ní Mháille a bhí in *An Curadh Connachtach* ar a bás in 1947: A native Irish speaker, she was a pioneer of the Sinn Féin and Gaelic League movement in Connemara, and attended and cooked for the Volunteers during the famous Muintir Eoghain ambush of 1921. She was taken prisoner by the Black and Tans after she had witnessed the burning of her home and the slaughter of all the animals on the farm as reprisal action. She later gave evidence of this at a special court of investigation set up in Dublin to inquire into war crimes, and the British Government were forced to pay compensation to her brother. Sir Edward Carson remarked in the House of Lords that this payment was the greatest humiliation that ever befell the British Empire. Miss Ó Máille was recently awarded the Black and Tan war medal and was holder of an I.R.A. service pension. Shortly before the beginning of the 1914 war, she entertained to dinner at Muintir Eoghain, Sir Roger Casement and Zweinreinger, the editor of the *Berlin Tablet*. She recalled that on that occasion, Zweinreinger prophesied complete freedom for Ireland if Germany won the war, provided she lent her support, and she believed that this inluenced Casement in his subsequent actions.]

31. [Donncha Ó Catháin atá air seo in Colm Ó Gaora.]

32. [Dallóga de chineál éigin.]

33. [Féach a leabhar cáiliúil, *Mise*.]

34. Fuair Seán Dundas bás i Meiriceá anuraidh (Eanáir 1932).

35. Faightear ainm beirte eile sa leabhar freisin, i.e. Pól Mac Parthaláin agus Críostóir Ó Braoin – T.S. Ó Máille.

36. ['canopy' an bhrí atá le 'forscáth' in *Foclóir Gaeilge-Béarla*, ach is cosúil gurb é gaothscáth an chairr atá i gceist ag an údar.]

37. [Féach an cur síos spéisiúil ar an bhfear seo ag Peadar Mac Domhnaill ina thuairisc, ar lch 118-19, agus in Kathleen Villiers-Tuthill, lch 198; 'Connolly' a thug Mac Domhnaill air ach is 'Conneely' atá ag Villiers-Tuthill air.]
38. [Aftershock, battle fatigue?]
39. [Teileascóp]
40. ['Bean Sheáin Uí Chadhain' atá sa bhuneagrán ach is cosúil gur botún é.]
41. [Féach an cuntas ar an gcath ag Peter J. McDonnell (Peadar Mac Domhnaill an leabhair seo) ar lch 111-20; an cuntas nuachtáin ar lch 138-48; Colm Ó Gaora, lch 252-56; Kathleen Villiers-Tuthill, lch 216-18.]
42. [Fuair muintir Uí Mháille cúiteamh as dó an tí agus an sciobóil: cuireadh cúirt speisialta ar bun i mBaile Átha Cliath le fiosrú a dhéanamh faoi choireanna cogaidh, agus tugadh ar Rialtas na Breataine cúiteamh a íoc leis na Máilligh. Dúirt Sir Edward Carson i dTeach na dTiarnaí i Londain gurbh í an íocaíocht chúitimh sin an t-uirísliú ba mhó a rinneadh ar Impireacht na Breataine riamh. Féach nóta 30 thuas.]
43. [An Caoláire Rua]
44. [Féach an cuntas as *The Irish Independent* ar lch 146-48 agus as *An Curadh Connachtach* ar lch 138-46.]
45. [Loch Log an Charraidh]
46. [puball]
47. [Loch Log an Charraidh]
48. ['Abhainn na hOirimhe' atá ag an Máilleach sa téacs, ach is é 'Abhainn Oirimh' an leagan oifigiúil logainmníochta.]
49. [Féach tuairisc ar an tréimhse a chaith siad sa cheantar seo in Colm Ó Gaora, lch 258-60.]
50. [Ón bhfocal Béarla 'comport'?]
51. [Ba nós leis na hÓglaigh amhráin a rá agus a chumadh agus iad ar a dteitheadh sna cnoic. Féach sampla d'amhrán a cumadh, in Colm Ó Gaora, lch 268-69.]
52. Fágadh spás folamh sa leathanach anseo; b'fhéidir gur línte áirithe as 'Fuar leam an oidhche-se d'Aodh' a bhí ina chuimhne – T.S. Ó M.
53. [Áit a dtógtar báid?]
54. ['íodhlacan' a bhí sa téacs.]
55. [Ceathrú Chinnéide: Ar an 2 Meitheamh 1921 d'eagraigh Michael Kilroy agus a Cholún Reatha luíochán i gCeathrú Chinnéide, ar an mbóthar idir Cathair na Mart agus an Líonán, chun na Dúchrónaigh a ionsaí. 33 Óglach a bhí faoina cheannas. Nuair a bhí an luíochán thart, bhí triúr déag de na Dúchrónaigh marbh, agus ghéill triúr déag eile díobh. Ghabh na hÓglaigh cuid mhór arm agus armlóin. Ba luíochán fíoréifeachtach a bhí ann agus d'ardaigh sé meanma agus misneach na nÓglach go mór. Chuaigh na hÓglaigh ar a dteitheadh, agus le linn dóibh a bheith i gceantar Néifinne tháinig Jack Leonard, col ceathrair le Kilroy, ar cuairt agus thóg sé an grianghraf atá ar lch 84. Rinneadh ginearál de Michael Kilroy níos deireanaí sa chogadh.]
56. [Seo sampla de sin: san oíche, ar an 23 Samhain 1922, agus an Cogadh Cathartha ar bun, bhí saighdiúirí de chuid an tSaorstáit ag triall ar Bhaile Uí Fhiacháin in iarthar Mhaigh Eo. Bhí colún de chuid Óglaigh na hÉireann ar dualgas i gCill Mhíona, ach d'éirigh le saighdiúirí an tSaorstáit dul tharstu sa dorchadas. Chuaigh an Ginearál Michael Kilroy, Jack Feehan agus J.J. Leonard rompu agus chuir stop leo le tréanlámhach raidhfilí. D'fhreagair saighdiúirí an tSaorstáit iad le meaisínghunna. Gortaíodh agus gabhadh an Ginearál Kilroy, agus maraíodh ceathrar de shaighdiúirí an tSaorstáit; ba dhuine den

cheathrar sin an Captaen Joe Walsh, a bhí ina bhall de Cholún Reatha an Ghinearáil Kilroy sa chogadh in aghaidh na nDúchrónach.

Maidir leis an sos cogaidh, an Conradh Angla-Éireannach agus an Cogadh Cathartha, agus dearcadh Phádraic Uí Mháille agus Óglaigh eile fúthu, féach Nollaig Ó Gadhra, *Civil War in Connacht 1922-1923* (Mercier Press, 1999) lch 56-60, 94, 98, 118-20 agus Kathleen Villiers-Tuthill, lch 218-38.]

57. ['Marbhtha' (agus gan an t-alt roimhe) atá sa téacs ag an Máilleach, ach tá an t-alt roimhe sa ghinideach sa chéad abairt eile aige, agus tá an logainm in áiteanna eile agus an t-alt roimhe. Aill an-chontúirteach an chiall atá leis.]

58. [Ailtire an bhrí atá ag Ó Máille anseo le foirgneoir, mar go raibh *architect* aige idir lúibíní cuara i ndiaidh an fhocail; ar ndóigh, tógálaí an bhrí atá le foirgneoir.]

59. [Féach an dara cuid de nóta 56 thuas.]

Sleachta as
With the IRA in the Fight for Freedom

THIRTY I.R.A. MEN DEFIED 600 BRITISH TROOPS AT TOURMAKEADY
South Mayo Brigade, May 3 1921

By Edward Gallagher

(Based on the account of the engagement, written by Tom Maguire, O/C South Mayo Brigade, and published in the issue of An tÓglach *of August 21 1921; and on information gathered at the scene of the action.)*

IN ITS ISSUE, OF AUGUST 21st, *An tÓglach*, the official organ of the Irish Volunteers, carried an account of an action which, for modesty and understatement, can rank with anything that Caesar ever wrote in his commentary upon his wars in Gaul. The account was written by Tom Maguire, the officer commanding the South Mayo Brigade and narrates his Brigade Column's action against enemy forces at Tourmakeady.

The secret of successful guerrilla fighting is to strike hard, to disengage quickly, and never to take on a force stronger than one's own. In practice, of course, these ideal regulations do not always work out. Time and again during the War of Independence, Republican forces set themselves limited objectives, which their numbers and armament gave them reasonable hope of achieving, and, for one reason or another, found themselves opposed to superior forces and committed to fighting a defensive action. Such was the action at Tourmakeady.

May 1921 was a grand month for guerrilla fighters — dry and warm for men who had to lie out on the hills, but it had the disadvantage that the days were lengthening — darkness came too late for those who, in the presence of superior numbers, had to rely on the cloak of dusk and local knowledge for a safe retreat.

Tom Maguire's Column had a limited objective which they should have been quite capable of achieving. The Column — mostly Ballinrobe men — numbered about twenty-five men — but when it mobilised in the Shrah area on the morning of May 3rd, with the assistance of local Companies, it strengthened to about sixty strong. It was weak in fire power. As far as one can ascertain, the Column possessed six to eight rifles, the balance of fire power was supplied by shotguns. Under the pressure of buck-shot, many of the older shotguns went out of action and, at a crucial period, the Column's effective armament was not what it appeared on paper.

In South Mayo, I.R.A. action and public opinion had been taking their toll. On the main road to Westport and Ballinrobe the R.I.C. barrack at Partry had been evacuated; so had the barrack at Ballyglass. At Derrypark — or more correctly, Cappaghnacreiche — the enemy still maintained a garrison of about twelve constables. The Republican Intelligence Service had noted that a convoy, bearing pay and provisions went out from Ballinrobe to Derrypark on the 3rd of each month. The convoy normally consisted of two Crossley tenders and a car, or a Crossley tender and a car. Tom Maguire decided to ambush the convoy at that point between Ballinrobe and Derrypark called Tourmakeady. One might mention here that although the action has gone down in history as taking place at Tourmakeady, this is a misnomer. Actually, the fight stretched along the road in the townlands of Gortfree, Gorteenmore and into Cappaghduff. Tourmakeady is only a field at the back of Tourmakeady Lodge near the village of Derryveeney. Tourmakeady Lodge is also in Gortfree.

Early on the morning of May 3rd, the Column, with local support, mobilised at Tourmakeady. The Brigadier expected three vehicles, a short action, and a quick retreat. No provision was made for blocking roads leading into the ambush area, a lack of precaution which was to cost the Column dearly later in the day. Scouts were posted and the remaining force divided roughly into three sections. North of the village, Michael O'Brien, the Brigade Adjutant, was put in charge of a section at the Fair Green; Maguire himself took command of the central section at the Post Office; Paddy May of Ballinrobe was in charge of the section posted at Drimbawn gate. Each position was about 200 yards from the other and the plan of operation was to allow the first vehicle to proceed as far as Drimbawn gateway where it was to be engaged; the other sections would then take on the second or third vehicle, as the case might be, which would be by then well inside the ambush position.

About 1 o'clock the first vehicle was sighted and allowed to proceed up to Paddy May's section at Drimbawn where it was engaged. On the first discharge, the driver of the vehicle — a Ford car — was killed instantly, and the car crashed into the entrance wall. The three remaining members of the R.I.C. in the car were quickly disposed of, and three rifles, three revolvers and holsters, and rifle and revolver ammunition captured.

In the meantime, the position further down the ambush position was not so satisfactory. The second vehicle, a Crossley tender, containing ten to twelve police in charge of a head constable, had pulled up between the two positions on hearing the first shots at Drimbawn. The enemy spilled out and despite the efforts of the two sections, fought their way into a hotel — now a shop owned by James O'Toole — from where they hotly returned the fire of the Column men. The fight was unequal. Behind cover and with a plentiful supply of rifle grenades, the enemy easily defied the Column's efforts to close with them. After half an hour's fusillading on both sides, Maguire, realising that there was no chance of dislodging the police, and fearing that enemy reinforcements might arrive, ordered a withdrawal.

The situation was more critical than the Brigadier realised. At Derrypark barrack there was a wireless transmitter, and enemy garrisons in surrounding posts had already been alerted and were converging on the area.

Dismissing the local men, except for a few Shrah Volunteers to act as guides, Maguire led the balance of his force, about thirty strong, up the Partry mountains, intending to retreat northwards in the direction of Westport. Above Shrah he ordered a rest. After about an hour, scouts reported to him that they had observed enemy activity in the direction of Ballinrobe and, on surveying the position through his field-glasses, he saw that the information was only too true. Twenty four lorries, bearing troops from Galway, Claremorris and Ballinrobe, were converging on the position. Some of the lorries roared up the roads on the south-east and south-west of the position; others halted on the southern side, and opened up machine-gun fire on the men on the hillside.

Maguire's Column was in a nasty spot. The hills here, bleak, treeless and comparatively level, offer little in the way of cover. With enemy machine-gun fire licking their heels, the men of the Column retreated in a northerly direction, only to find troops from Castlebar and Westport barring that line of retreat. There was nothing for it but to select a position and hold it — if they could — until darkness gave them a chance of slipping through the enemy lines. Above the village or townland of Tournawoade, Maguire found such a position — a fold in the ground with a rise behind it. It was not ideal, but it was the best that could be found. He ordered his men to lie down and to put their diminishing stock of ammunition to the best possible use.

The enemy fire was intense. Rifle and machine-gun bullets plastered the Column position, but the men remained clam and steady, each man reserving his fire until an attacker exposed himself. Any attempt by the enemy to get close to the Column position was blasted by steady and accurate fire, and enemy casualties were high.

The Column, however, had suffered a grievous blow. A bullet from a Lewis gun had hit the Brigadier in the forearm, passed through at the elbow point and, issuing on the inside of the arm near the armpit, fractured the bone. It was now about 4 p.m.

Michael O'Brien, the Brigade Adjutant, crawled over to the wounded leader and proceeded to give first-aid. He had slit open Maguire's sleeve and was in the act of attempting to staunch the flow of blood, when there was a shout behind him of "Hands Up!". Swinging round, he beheld an enemy officer, a Lieutenant Emmerson, of the Border Regiment, divested of cap, coat and puttees, and carrying a rifle. Some distance behind the officer were eight soldiers. Making use of every bit of cover, and unobserved by the Column men, who were pinned down by the intense enemy fire, the party had practically reached the Column position.

Quick as thought, O'Brien picked up his rifle, but in the very act of bringing it up to his shoulder the officer fired and killed him instantly, the bullet subsequently passing through Maguire's back under the right shoulder blade, and inflicting a flesh wound. A Column shotgun man fired, knocked the officer's rifle out of his hand with the discharge from the first barrel, and sent ten grains of buck-shot into his stomach from the second barrel. The officer turned and ran, falling after going twenty yards. That seemed to knock the heart out of his party. Seeing their leader fall, they also made a run for it, but they were caught between their own fire and the fire from the Column. Six of them fell.

It is related that Emmerson crawled on hands and knees to a house in one of the villages above Shrah. The sole occupant of the house was an old woman who was nearly blind. He crawled in and sat himself on a chair. The old lady, because of his red hair, mistook him for a certain Volunteer who also had red hair. Shortly afterwards an old man with a jaunting car came to the house. Emmerson produced his revolver and forced the old man to take him to the main road at Shrah where he was picked up by troops on their way from Tourmakeady that evening. Emmerson recovered from his wound and was promoted for his action.

Hungry and thirsty, their leader badly wounded, their second in command dead, the men of the South Mayo Column clung tenaciously to their position. The enemy continued to hit up the position with grenade, rifle and machine-gun fire. Ammunition had to be conserved and every shot had to tell — and every shot did tell! As they watched, fired and reloaded, they prayed for darkness, but darkness came slowly, on leaden feet, it seemed to the gallant men fighting for their lives on the hillside. But finally it came. At 10.30 p.m. the enemy withdrew in force, leaving a skeleton party behind who kept sending up Verey lights throughout the night. The Column men, under the cloak of darkness, successfully made their way through this party.

The difficult part of the retreat was getting the wounded Brigadier — and he was hit six times in all during the fight — down from the hillside. But the feat was managed. He was brought that night to the house of a Mrs Lally, in Tournawoad, and received first-aid treatment from Tom Costelloe, an ex-soldier and Volunteer. Later he was treated by a Dr Murphy. For two days Maguire was kept in the village, being moved from house to hillside when raiding parties of the enemy came too close to the locality. Finally, he was removed by horse and car to a place of safety.

It is estimated that the Column fought its position on the hillside against 600 troops. In the circumstances, its losses — Michael J. O'Brien, the Adjutant, killed, the Brigadier seriously wounded, one Volunteer slightly wounded, and eight shotguns captured by the enemy — were not so heavy as they might have been. The enemy, on the other hand, lost heavily. As usual, of course, no exact figures can be given as they were not disclosed. However, Maguire reports that, in front of his own position, two policemen and two soldiers were killed, an officer wounded, and six soldiers knocked out, whether dead or wounded, he was not in a position to say. Four policemen were killed in the ambush, a policeman was killed outside Kinnury village, on his way to the fight, and one was killed on the Tourmakeady side of the hill.

On the evening of the fight, Michael Kilroy and the men of the West Mayo Column got word that the South Mayo men were being hard pressed by enemy forces. Very gallantly they volunteered to go to their assistance, but when, after a forced march, they arrived in the area that night, they found the fight over, and that the Column had got safely away.

The action at Tourmakeady had very concrete results. As a result of it the R.I.C. garrisons at Derrypark, Kinnury and Cuilmore were immediately withdrawn.

ACTION BY WEST CONNEMARA COLUMN AT MOUNTEROWEN

West Connemara Brigade, April 23 1921

By Peter J. McDonnell
(Formerly O/C West Connemara Brigade I.R.A. and Commander West
Connemara Brigade Flying Column)

GALWAY AND MAYO DID not come actively into the fight for freedom until the spring of 1921. That they had not been in it earlier was by no means due to reluctance on the part of the men to fight, but mainly because G.H.Q. had delayed the formation of independent brigades in these areas until late in 1920. Prior to that, battalion officers were not permitted to carry out operations which did not have the approval of their brigade authorities. As a result, opportunities for action were lost whilst detailed plans were being examined at brigade level, and the enemy was able to concentrate his strength against I.R.A. forces who were active in other areas.

Richard Mulcahy, Chief of Staff of I.R.A., came to Connemara, under an assumed name, in September 1920, to convalesce following an illness. While in the West he was the guest of the late Thomas O'Malley, Kilmilkin, Maam, who was a brother of Surgeon Michael O'Malley, Galway. Mulcahy told me that the G.H.Q. had considered the Army organisation in Galway too unwieldy to be effective, and that it had been decided to break it down into independent brigades, each responsible to G.H.Q. only. Connemara was to constitute one such brigade. A meeting of the principal Volunteer Officers of the area was immediately called and the new developments were explained and discussed. In order to be in readiness for the change-over, four battalions were formed and their officers appointed. The commanding officers were: No. 1 Battalion (Leenane), Thomas O'Malley; No. 2 Battalion (Rosmuck), Colm Ó Gaora; No. 3 Battalion (Roundstone), Jim King; No. 4 Battalion (Clifden), Gerald Bartley. The battalion commanders were instructed to proceed at once with the organisation of their areas and to collect money for the purchase of arms. By the end of October I had received the sum of £120 from the battalion officers, which was a very good return, considering the poverty of the area and the fact that neither the members of the I.R.A. nor its supporters were amongst the wealthy.

About the first week of November 1920 I received a despatch from G.H.Q. confirming my appointment as Commanding Officer of the newly-formed West Connemara Brigade, and instructing me to report at G.H.Q. on November 12th. (Micheal Ó Droighnean, Furbo, was appointed O.C. East Connemara Brigade). When I attended there the members of the Staff wanted to know when we could go out on active service, and I replied that we were ready and would go when we had sufficient arms. I handed over the £120, which I had brought with me, and was given an assurance that the necessary arms would be sent to us with the least possible delay. Following several visits to Dublin by Brigade Quartermaster J. Feehan, we had acquired eleven rifles by the end of February, 1921. Five of these rifles were magazine type, five Martini single-shot carbines and one Howth rifle. In addition we had about a dozen revolvers and automatic pistols, and a similar number of shotguns. We had approximately sixty rounds of ammunition for each rifle, and about a dozen for each revolver and shotgun. The Brigade Council had decided that an active service unit should be mobilised at once, and on March 10th the men assembled for that purpose at a previously arranged rendezvous in the Twelve Pins, within easy reach of the Clifden-Galway road, and about seven miles from Clifden, across country. For four days following we manned an ambush position on the Clifden-Galway road, as a result of information we had received that a lorry or a couple of lorries of R.I.C. used that road almost daily. We had no luck, or, considering our armament, we might, in fact, have had all the luck that was going. At all events, the enemy did not appear there, so we decided to go into Clifden to make contact with him. On the night of March 16th the Column entered the town, six of the men carrying side arms, to engage a party of four R.I.C. and Black and Tans, who comprised the usual nightly patrol of Clifden, while the remainder of the I.R.A. force occupied positions to keep the barrack covered and prevent reinforcements going to the assistance of the patrol. Only two of the enemy went out on patrol that night, and they were duly eliminated. When their arms and ammunition had been collected, the six I.R.A. men linked up with the main body again, and the Column then moved out. On April 6th we collected a Lee Enfield rifle and two Webley revolvers with ammunition, after a partly successful ambush at Screebe, Rosmuck.

In our headquarters in Padraic Ó Maille's house at Mounterowen, we received information from a source that we considered to be reliable, to the effect that the enemy had planned to carry out an extensive round-up of the Maam valley, from Cornamona to Leenane, with both regular military and R.I.C. employed for the purpose. We decided to await their coming to Mounterowen and to give a good account of ourselves against them. Mounterowen house was set on the side of a hill, and faced north, about two hundred and fifty yards from the Maam-Leenane road. Between it and the main road flowed the Maam river, about fifty yards in from, and almost parallel to, the road. The river is about twenty yards in breadth at that point, and was crossed there by stepping-stones, with a shallow ford for horse-drawn traffic. The stepping-stones have since been done away with, and the river is now spanned by a bridge, about a hundred yards west of where they had been. Immediately behind the house the land rises steeply to a height of about three hundred feet, beyond which the broad Leagh Valley stretches south to the Maamturk mountains. To the west Mount Roighne rises to about fourteen hundred feet.

In preparation for the expected raid, every rifleman had been allotted a fixed position on the face of the hill to the rear of Mounterowen house, to both sides of the house itself. Every man knew the position he was to occupy when the enemy arrived. We assumed the enemy would set out from Cornamona at daybreak and arrive at our positions about noon. Constant watch was maintained for him, but day followed day without his forces being sighted, and we had begun to think that it might have been the R.I.C. who had started the rumour, with the intention of scaring us out of the area. There was no fear that the Column would withdraw to avoid contact with the enemy, for we were anxious for a good fight to justify our existence as a fighting unit. As our headquarters was less than three miles from Maam R.I.C. barrack, sentries were posted on the look-out during daylight, and at night regular guard was mounted with an officer in charge, who changed the sentries every two hours. This was done to prevent our being taken by surprise during the night.

On the night of April 22nd the guard was mounted as usual, and the sentries had instructions that anything suspicious should be reported immediately to the officer of the guard. Before daylight I was awakened by someone shaking my shoulder. I opened my eyes and saw the officer of the guard standing by my bed. In response to an urgent question by me, he replied that there were dark objects approaching over the road from Maam but, that, because of the darkness, he had been unable to determine whether they were men or cattle. I jumped out of bed immediately and told him to rouse the rest of the men and get them outside, while I was going down to have a look. I just pulled on my breeches, jacket and boots which remained unlaced, grabbed my rifle, bandolier and haversack, rushed downstairs and out to the front of the house. It was then about three o'clock and starting to get bright, so that I had no difficulty about identifying the objects as police. They were clustered in a group, about a hundred yards from the point where the path turned off the road and led to the river and the stepping-stones, and it looked as though they were then being given last-minute instructions for a raid on Mounterowen house.

The men of the Column were all ready when I rejoined them. I then gave them instructions to man the fences that extended from both sides of the house, and not to fire a shot until the R.I.C. at the end of the stepping-stones would be in a cluster on the bank. We were then to fire as fast as we could before the enemy broke for cover. The range was 200 yards. My men quickly spread out to occupy their positions, and while they were doing so the police began to mount their bicycles and to cycle towards the stepping-stones. Three of them had already entered the by-path when a revolver shot was accidentally discharged by a policeman amongst the group still on the main road. Almost immediately an answering rifle shot rang out, fired by one of my own men from the right of the position, despite orders that fire should be withheld until the police had come to the river. The element of surprise, on which we had counted, was thus destroyed, for the police immediately scattered without attempting to advance against the house. Some of them dashed to the north side of the road and took cover in a depression made there by a mountain stream that flows beneath the road and into the Maam river. Others got down behind low banks near the road. Three were already down by the river when the rifle shot was fired. I had one of them in my sights, from my position beside the pillar of a wicket gate to the left front of the house. He was standing at the far end of the stepping-stones, apparently making up his mind whether to cross the river or not. I squeezed the trigger. There was a faint click. The cartridge had misfired. I quickly ejected the dud cartridge and shoved up another, but found that I could not get the bolt quite home. Apparently the bullet from the faulty cartridge had remained in the breach, so I took a stone off the top of the wall and used it to hammer the bolt home. The extra seconds required to do this had probably saved the policeman's life as, before I was ready to fire, he had taken cover behind a big block of bog oak which had been left on the river bank following a flood. When I fired my double-bullet shot I was extraordinarily lucky to get away with nothing worse than a severe "kick" on the shoulder, in return for the doubtful satisfaction of lifting a sod in front of the policeman's position.

Early in the engagement some of our men were inclined to waste ammunition in their excitement, but the officers quickly got them under control, reserving their fire for visible targets. As the enemy kept well under cover, our fire was eventually reduced to what was sufficient to keep him engaged. Most of his fire seemed to be controlled and in volleys that were to a great extent concentrated on the house, which was then empty of men. All through that day, Mrs Eamonn O'Malley with her two young children and her sister-in-law remained in the kitchen at the rear of the house, and managed to send out to us some welcome hot tea with bread and butter. Although we were only 250 yards from the police positions, it was impossible to see a target to fire at, and we concentrated on keeping them pinned down.

When the fight had been in progress for some time, it occurred to me that the force of police, which I estimated to number no more than twenty-five, could hardly expect to capture us unaided, and that its purpose must be to hold us there while another enemy party was crossing the mountain and coming through Leagh Valley, to take us in our rear. Accordingly, I decided to send a man to the shoulder of the hill from which he would have a view of the valley, and be able to give us timely warning of an enemy advance from that direction. The man I picked for the task was John Dundass, Adjutant of the Roundstone Battalion, whom I knew to be a fearless soldier. I told him what I wanted done. It was a dangerous mission, as it entailed running up the bare face of the hill, carrying his shotgun and haversack, with twenty or twenty-five R.I.C. firing at him from 250 yards' range. I told him to wait until the police had fired one of their volleys and then to run for it. Behind the fence, he was on his toes like a sprinter waiting for the starter's gun, and as soon as the next volley had crashed out, he was away up the hill. The police fire lifted immediately as they tried to get him, and I held my breath as their bullets kicked up sods at his heels and all about him. To my intense relief, he arrived safely at the crest of the hill, and then, instead of diving to safety, he deliberately turned round to thumb his nose at the police and give them the "international phrase" which was, however, drowned in rifle fire.

Around noon the fine weather which had prevailed gave way to heavy showers and these, at times, reduced visibility to about thirty yards. I decided to avail of the cover thus created to withdraw my entire force to the shoulder of the hill, where we would have greater freedom of movement should enemy reinforcements arrive. To get there we had to work our way along towards the right under cover of the fence we had manned, until we reached a sheep path which leads into the valley. About thirty yards of the steepest part of the path had been in plain view of the police, with no cover, but the shortening of visibility enabled us to negotiate that exposed stretch in relative safety. Once behind the shoulder of the hill we were able to take stock of the situation and to see whether anything could be done to dislodge the police from the positions they were holding. As there was no cover between them and the house that would enable us to close on them, it was decided to send G. Bartley and R. Joyce to the right, and J. Feehan and J. King to the left, to work behind the police in order to encircle them. Because of the nature of the ground, these four men had to make wide detours to get round unobserved by the police. When they had succeeded in doing so, they found that, though within 150 yards of the police and directly above and behind them on the mountain, such was the conformation of the ground that they could get no sight of them. They saw only one of the enemy lying near a bank and had fired a few shots at him before they realised that he was already dead.

Three men, armed with shotguns only, were sent towards Leenane to demolish or barricade a bridge about a half-mile distant on the Leenane road in order to hold up lorries of reinforcements that might come from Clifden. While they were procuring some tools in a house near the bridge, Thomas F. Joyce of Leenane, drove by in a Ford car, and had passed before they had time to get back to stop him. There was a workman in the car with him, and they had some stakes and wire to repair fences on grazing land of Joyce's at Kilmilkin. Apparently there was a lull in the firing at the time and Joyce, unsuspectingly, had driven into the middle of the ambush when an R.I.C. man suddenly appeared and leapt on the running board of the car and ordered him to drive through, at revolver's point. Gerald Bartley and Dick Joyce fired on the policeman immediately that they saw him on the car, but they had to be sparing of ammunition, as they had less than fifty rounds apiece when the engagement began. The R.I.C. man was hit on the arm but managed to hold on until the car had reached Maam. There he got a police driver to take a lorry to Maamcross and phone for reinforcements. Soon afterwards a beggarman sauntered along the road from Maam, going towards Leenane, and apparently the police must have given him a message to take with him, for about an hour and a half later a Ford car arrived from Leenane. A tall man dressed in black got out of it. About that time we were spread out along the shoulder of the mountain, roughly about 700 yards from the police position and, through the haze caused by the showers, the newcomer looked very like one of the R.I.C. Some of the boys loosed off a few shots at him, and a number must have passed too close to be comfortable, for he made a dive for cover. Not until that night did we learn that he was not a policeman, but the Rev. Father Cunningham, P.P., who had got word through the tramp to go out to the scene of the ambush, to attend some wounded policemen. He was annoyed by what had happened when he arrived there, as he thought we should have recognised him and not interfered while he was ministering to the wounded. When he had got out of his car he threw his travelling rug over one of the doors. Due to the distance and the bad visibility, the rug looked, to Christy Breen, one of the boys, like an R.I.C. man taking things easy and, as Christy so far had the opportunity to fire but a few shots, this seemed a heaven-sent target. When he had fired four shots at it without apparent effect, Christy decided that he was either a rotten shot or that he had been mistaken in his surmise that the object was one of the enemy. It was learned next day that three of his bullets had struck the rug and car panel, which was remarkable shooting, considering the visibility and range. At that time we were firing very few shots, just one now and again to show that we were still about. Ammunition was running low, and we had nothing to show for it. From our elevated position it was then possible for us to look down on the enemy positions. Following the most careful search with my glasses, the only movement discernible was that made by a few policemen under cover of the bank on our side of the river. They had apparently gone to ground there in the first flurry of excitement and they were not finding it comfortable. The other members of the raiding force were packed down under cover at the end of the culvert on the far side of the road, with the river between them and our positions. With the aid of the glasses I could make out their rifle barrels sticking up over the edge of the bank, but there was no sign of any heads behind them. I got the idea that if two more men could work their way down and get close enough to the river without being seen, then, with the assistance of the four men already behind the enemy, it might be possible to rush his positions. I decided to try to go down myself, and took with me Volunteer Tommy Coyne, a member of my old company, and a man in whom I had plenty of confidence. We set out on our trek downwards, carrying only side arms, as rifles would be a hindrance, having in mind the nature of the ground. We alternated between crawling on our stomachs and rushing from cover to cover. We did not get by unobserved. Our progress was spotted by a lone rifleman who tried out his marksmanship on us. Sometimes a bullet of his would smack off a stone and there would be a sound as though an angry hornet were buzzing past. We kept on and, following what had appeared to be an age, we reached the shelter of a good mound, where we sat up and stretched ourselves. When we had rested we looked about to size up the possibilities of the situation, and were disappointed to find that these offered no hope for the successful carrying out of our idea of rushing the enemy. We were still more than 150 yards from the river, between us and which there was not a scrap of cover. I decided that it would be foolhardy to try further. We could make a detour towards Maam, and cross the river, but we would still be too far from the culvert in which most of the enemy force lay. There was also the fact that some hours had elapsed since the R.I.C. man had got away in Joyce's car, so that enemy reinforcements might be expected at any time. If they caught us in the positions we then occupied, we would be dead men. Nothing remained but to withdraw up the mountain, and we got safely back without the unknown marksman having succeeded in registering a hit. That we had returned unscathed could not be attributed to his concern for our personal safety, as several of his shots had come very close to us.

Immediately that we had regained cover behind the shoulder of the mountain, I searched the Maam road with the glasses, for movements that would indicate the approach of enemy reinforcements. Sure enough, I spotted a line of lorries coming down from Maamcross to the Maam bridge. We had barely returned to our mountain position in time. I decided to move the Column further up the mountain, for in the position held behind the shoulder of the hill, we would be in plain sight of anybody coming along the road from Maam. It was then 4.30 in the afternoon, and we had been engaged for thirteen hours.

From the cover of a boundary fence, higher up on the mountain, we watched with interest the arrival and disposal of the reinforcements. An armoured car was first on the scene, and it was followed by thirteen lorries loaded with military and police. Some of the lorries had halted half-a-mile away from the place where the police had been held to the ground, and the soldiers who had come out in them were spread in extended order and were advancing over river and bog towards Mounterowen house. The place was black with men running and firing their rifles and Lewis guns. Had we ammunition to spare we would have inflicted casualties, even though the range was about 800 yards. I had only five rounds left myself, and practically all the others were similarly circumstanced.

Apparently the enemy had a healthy respect for those he considered to be inside the house. To our amusement, his forces spent three-quarters of an hour getting to grenade-throwing distance of it, advancing in rushes that were covered by rifle and machine-gun fire. When they had worked in close, they bombed it by throwing grenades through the windows. Finally, they captured the place, empty except for Mrs Eamonn Ó Maille, her two young children, and Miss Jane Ó Maille, who were found at the back, in an outoffice in which they had taken shelter before the arrival of the reinforcements. When the house was found to be empty the police moved in and started to remove clothes, bedclothes and anything that took their fancy. They then set fire to the house and outoffices. The women and children were made prisoners and taken as far as Leenane, where they were released. There, Michael B. King took them in for a time.

We then pushed on to Cuilleaghbeg, a village of a few houses, on the Leenane side of the scene of the fight, and about a mile away from it. We sent messages to Leenane for food, and I can tell you that we were well and truly hungry by that time. We did justice to the food when it arrived, and, having posted sentries, we rested a few hours. While in Cuilleaghbeg we learned that the police had one man killed and two wounded, and that when the reinforcements had turned up, the police who had been engaged in the fight were immediately sent in two lorries, to Maam barrack. Nearly all of them had to be lifted into the lorries, they were so badly cramped through having been pinned down all day in positions that had permitted of no movement. Some of the police had to kneel in the stream without moving from the time they were driven into the culvert. It was the good fortune of the police that they had been able to get one of their number away to summon reinforcements. They had been on the point of surrender prior to that, as after the first half-hour, they saw no hope of extricating themselves from the position in which they were pinned. Most of them had come from Oughterard in two lorries in which they also brought bicycles. At Maam R.I.C. barrack they picked up the sergeant and some more men, all with bicycles, and then the entire force pushed on, in their two lorries. The Maam sergeant, it seems, had reported that the police would have no difficulty about capturing the I.R.A. men in Mounterowen house. It was his belief that, once the police had fired a few shots, we would bolt up the face of the mountain, and they could then pick us off whilst we were running. They had left their lorries and two drivers about a mile short of Mounterowen house, and had cycled the remaining distance in order to take us unawares, by the silence of their approach. When the firing had broken out and continued without any sign of the police returning, the drivers moved up to investigate. We permitted them to approach as far as the culvert, and then forced them to take cover in it with those of their comrades already sheltering there. None of the men sheltering in this difficult position was able to move out of it until the arrival of the reinforcements, the R.I.C. elements amongst which were under the personal command of Chief Commissioner Cruise.

The driver of the car which had brought Father Cunningham out to the two wounded R.I.C. men was the Vice O/C of the Brigade, J.J. Connolly, who was employed as a driver mechanic at Leenane Hotel which is situated on the south shore of Killary Bay. Though most anxious to come out on active service with us, he was ordered to remain in his employment at the hotel, for the contacts he made there provided us with useful information. He had spent some time with the British Army transport during the 1914-18 war and, as he had never been openly identified with us, he was able to mix around with the police and military who patronised the hotel. When he had brought Father Cunningham to the ambush site, he found that it was not healthy to remain in the car, so he went down to the stream where the police were under cover, and heard their conversation.

When we had rested a few hours at Cuilleaghbeg we retraced our steps and passed the scene of the recent fighting. The enemy had then withdrawn from the place. We turned north across the mountains to the village of Touwnaleen, where we remained for two days. At the end of that period we crossed the mountains to Killary Harbour, which we crossed by boat to the north shore, and went to the house of Michael Wallace, father of two members of the Column. Whilst in Wallace's we had refreshments drawn from supplies that had been sent there for us by Mrs Cuffe of Leenane. We also found there a small marquee which J.J. Connolly had obtained for us from Mr McKeown. Having packed our supplies and the marquee, we continued across the shoulder of Ben Gorm mountain and entered the deep, bowl like valley of Luggacorry, where we had cover on every side. We pitched our camp and decided to remain in the valley for some days, or until we had obtained more arms and ammunition from G.H.Q. Our attempts to collect armaments from the enemy had been attended by little luck.

Our headquarters had been set up in the valley for some days when J.J. Connolly arrived one night with a case that contained four Lee Enfield rifles, two ·45 calibre revolvers, 105 rounds of ·303 ammunition, 120 rounds of ·45 ammunition, and ten hand grenades. He had crossed from the south shore by boat, for there was difficulty about having a motor car on the road after dark, and besides, it was easier to bring us the case of arms by boat. Connolly laughed heartily and gave us reason to laugh, too, when he told us that soon after he had taken delivery of the case from Mr Kelly, the stationmaster at Maamcross railway station, the car he was driving was held up by the sergeant and two constables from Maam R.I.C. barrack, who wanted a lift to Maam. "Yes of course," he replied, but added that the two constables would have to sit on a crate of china he had in the back of the car for Leenane Hotel. One of them talked all the way to Maam about the fight at Mounterowen, and wondered where we had got the up-to-date rifles with which we had pinned them to ground. He would have been greatly surprised to know that he was sitting on a box of the best weapons that had come our way so far.

Because of our limited armament and the terrain over which we had to operate, it was impossible for us to engage the enemy patrols that were sent out after we had fired the first shots of the campaign in the West, in Clifden, on the night of March 16th. After that it was seldom that patrols comprised as few as two lorries, and never fewer than two. More often than not they were composed of four lorries, well spaced out. The bleak Connemara countryside, bare as the Twelve Pins, offered no approach cover to roads which, themselves, were not even bordered by fences. Bearing these factors in mind, and the meagre armament at our disposal, it will be realised that in such circumstances we would have no chance to survive against strong enemy forces. Kylemore Pass, the one place in the entire area where we could engage them with reasonable hope of success, they avoided like a plague. British convoys from Leenane to Clifden went round by Recess in order to avoid passing through Kylemore.

During the fortnight which comprised the last week of June and the first week of July, a huge round-up was carried out, over the country from Ballina to the Killary, through Castlebar, Newport, Westport and Louisburg. We were on the Mayo side of the Killary on the 29th of June, and about midnight, information reached us that troops were being landed from destroyers to join in this great enemy operation. The men of the Column were immediately roused and we marched to Bundorragha where we obtained two boats and crossed to the Galway side just before daylight. We had barely disembarked and moved up the mountain when we saw two enemy observation planes circling the islands off the mouth of the Killary, and along the Mayo coast. Soon afterwards two destroyers arrived off the coast and hundreds of men were put ashore from them on the Mayo coast to the north of the Killary. One of the destroyers came into the bay and landed about a hundred men on the north shore, at the foot of the Mweelrea mountain. All boats and curraghs were collected by the enemy and taken in tow to where the destroyer had anchored near Leenane. The operation continued until July 10th, on which day there were nine lorries of Auxiliaries drawn up at Leenane when an I.R.A. courier arrived from Dublin and contacted J.J. Connolly who brought him to me. The courier was the bearer of the Truce notice. Michael Kilroy of the West Mayo Column, and three of his officers were with me at the time. They had almost been encircled in the huge round-up, but had managed to keep outside the enemy ring. As happened in the case of the round-up which followed the Mounterowen fight, not a single I.R.A. man was captured.

One good result of our entry into the fight, late though it was in coming about, was the upset to enemy plans and calculations caused by the extension of the general campaign to our area, which he had hitherto considered to be quiet and safe. Our activities drew upon West Connemara military and police which had previously formed part of forces that had been pressing the I.R.A. columns in other places west of the Shannon, and the diversion thus created accorded more breathing space to the columns concerned. Soon after the Mounterowen fight the British launched a great round-up in our area and employed more than a thousand troops and police on the operation, with planes to guide them. All males between the ages of sixteen and sixty were brought to Maam R.I.C. barrack, to be identified. Not a single I.R.A. man was caught in the net, though we had barely crossed over to the north of the Killary before all the mountains to the south were combed by the enemy.

Here is the list of names of the men who participated in the fight at Mounterowen, without ranks, except in the cases of the Brigade and Battalion officers: P.J. McDonnell, Brigade O.C.; J. Feehan, Brigade Q.M.; Martin Coneely, Brigade Adjutant; Colm Ó Gaora, O.C. No. 2 Battalion (Rosmuck); Jim King, O.C. No. 3 Battalion (Roundstone); Gerald Bartley, O.C. No. 4 Battalion (Clifden); Thomas Coyne, John C. King, Richard Joyce, Peter Wallace, Patrick Wallace, William King, Padraic Ó Maille and E. Ó Maille, all of No. 1 Battalion. John Dundass, Michael Conroy, John King, John Coneely, Denis Keane, Stephen Mannion, all of No. 3 Battalion. Thomas Madden, Paul Bartley, Christy Breen, William Coneely, Laurence O'Toole, all of No. 4 Battalion. The men are now scattered. Many have found a livelihood in foreign lands, and some are already in their graves. The Cause for which they fought and were willing to give their lives, lives on, and it may be that those of us who still remain will yet witness its fulfilment and share in the complete freedom of all our country from foreign rule. If that privilege is not to be ours, we can but hand down the traditional love of freedom that has ever animated our race, to those who come after us, and pass on to join our departed comrades, thanking God to have lived in a generation that succeeded, at least, in driving the British invader out of twenty-six of our thirty-two counties.

(Le caoinchead *The Kerryman*)

Nóta: Tá na ráitis seo a leanas i mBiúró na Staire Míleata i gCartlanna Náisiúnta na hÉireann:
Peter McDonnell, Captaen, Oifigeach in Óglaigh na hÉireann, Conamara, 1920 (Ráiteas Finné 1612); John Feehan, Máistir Ceathrún, Ceathrú Rannán an Iarthair, 1921 (Ráiteas Finné 1692); Martin Conneely, Oifigeach i mBriogáid Iarthar Chonamara, Óglaigh na hÉireann, 1920-21 (Ráiteas Finné 1611); John C. King, ball de Bhriogáid Iarthar Chonamara, Óglaigh na hÉireann, 1921 (Ráiteas Finné 1731); G. Staunton, Captaen, Leas-Cheannfort, Óglaigh na hÉireann, Gaillimh, 1921, An Dara Cathlán (Ráiteas Finné 453); Michael Kilroy, Ginearál, Oifigeach i gCeannas Cheathrú Rannán an Iarthair, Óglaigh na hÉireann, 1921 (Ráiteas Finné 1162).

BURNINGS IN CONNEMARA

(CON

BURNINGS IN CONNEMARA

Terrorism in Clifden Follows Shooting of Two Policemen

HOW A CIVILIAN WAS KILLED

Monsignor MacAlpine Denies Shots Were Fired from Town Houses

vigil and prayers were broken by
of shooting.

The streets were practically dese
time of the tragedy.

SHOOTING OF MR. MacDO

It was stated that Mr. John
was endeavouring to make his
police station to secure assistanc
the fire in his father's hotel
shot dead.

Early in the morning Mr. Pet
wounded by a revolver bullet,
veyed in a military lorry to
Constable Sweeney, and he n
County Hospital.

When St. Patrick's Day
little town nine of the princi
in flames, and forces of the
streets and few ventured ab
The few women who wen
Joseph's Church were seen

MGR. MacALP

Right Rev. M
V.G., wa
was
sco tation prevailed.

Sixteen houses are stated to have been
burned as the "reprisals" which fol-
lowed the shooting of two policemen
in Clifden, Co. Galway, on Wednes-
day night.

It was alleged by police that shots were
fired from houses in the town, at this
is categorically denied by Monsignor
MacAlpine, the Parish Priest of Clif-
den.

It was stated in the early reports that
Mr. John J. MacDonnell, son of a

SIXTEEN HOUSES REPORTED BURNED

of Constable Reynolds, a mem-
patrol, in Clifden, Connemara,
night, it was stated that
om which, it is alleged,
per were burned subse-

the following telegra
the Right Rev. Mgro
Clifden, was received

Constable Roy
revered of the
houses burned ye
shots we

hotel proprietor, was shot dead in at-
tempting to evade arrest.

It is now stated that Mr. MacDonnell,
who held the rank of sergeant-major
in the British Army during the war,
was on the way to the police barrack
to get assistance in putting out the
fire in his father's premises when he
was fired upon.

One of the victims of the
Mr. Clancy, who is in hospital in Gal-
way, is a former member of the Royal
Irish Constabulary.

heart and head, but he appears to have been
able to draw his revolver, although he did
not use it. He staggered some
before he died.
Con

holding of a military inquiry.

Two arrests have been made. A military
inquiry was opened to-day and adjourned.

THE SHOOTING AT CLIFDEN.

HOW THE POLICE WERE ATTACKED.

Our Galway Correspondent telegraphed yes-
terday:—Constable Thomas Sweeney, who was
shot at Clifden on Wednesday night, had his
right leg amputated above the thigh at St.
Bride's Hospital, Galway, this afternoon.
Little hope is entertained of his recovery. A
native of Augrim, County Galway, Sweeney
had served in the London Metropolitan Police,
and joined the Irish Guards on the outbreak
of the war. He was slightly wounded, and
joined the Royal Irish Constabulary upon de-
mobilisation. In Wednesday night's attack he
received two bullet wounds in the right leg
and gangrene set in, rendering amputation im-
perative. He also received a bullet wound
in the left leg, and a bullet of small
calibre struck him in the face. Constable C. O.
Reynolds was a native of Longford, and leaves
a wife and one child. The remains are being
removed to Longford for interment.

From the fuller story of the shooting obtained
to-day it would appear that the four policemen
were patrolling the town about 10 p.m. They
were approaching Market square, two men
walking on the footway on each side of the
street, and when Constables Reynolds and
Sweeney came as far as the corner at Mr. E.

TOURMAKEADY ATTACK

FOUR POLICE DEAD: FIGHT IN MOUNTAINS.

The biggest ambush recorded from the
west took place at Tourmakeady, telegraphs
a Mayo correspondent, four policemen
being killed and two wounded, in a pursuit of all
being followed up by a pursuit of all
aggressors through the mountains, and re-
sulting in 5 or 6 casualties as between
military and others.

It appears that 2 cars, one containing a
sergeant and 3 policemen, and a second, in
which there was a mixed party of soldiers
and police, left Ballinrobe, travelling about
300 yards apart, and reaching Tourma-
keady they came under heavy fire from two
points of the road near Hewitt's Hotel
and Mitchell's Gates. The first car
was allowed through, the first party
without a shot, and as it ran into the
second party the lorry had reached the
first.

Fire was opened on them simultaneously
and the 4 occupants of the leading car were
killed instantly, namely, Const. Power,
Sergt. O'Regan, Const. Oates.
Const. O'Regan (Driver)

BATTLE OVER THE HILLS.

The driver was shot through the he
and his car dashed into
was shot dead, the prayers

ing
indice
Son
burned
It is
There i
house of
Crown
rounded u

Peter Clar
culty in spe
statement at
afternoon.
in the R.I.C.,
ing to Clifden,
owned by his br
The shop own
A. Clancy, was b
tragedy.
Young MacDonn
his cousin

RUN
in th

bliss
basis
st als
mi
in mot
Th "
be "
arri TI
the erg
list ar
of th
in
acce
rede
to

R

sca
livin
auth

folloy, who is in cu
the affair, has co
there is now no re

P., Ballymote, ask
regation for the hap

(Continued on Page 6.)

CATH THUAR MHIC ÉADAIGH

(*The Irish Independent,*
Dé Céadaoin, 4 Bealtaine 1921, lch 5)

THREE R.I.C. SHOT DEAD IN CO. MAYO

Three policemen were killed and three wounded in an ambush at Tourmakeady, Ballinrobe, yesterday. No details of the fight have been received.

The Press Association says the ambush took place at 1.30 p.m., and gives the casualties as two R.I.C. killed and three seriously wounded.

(*The Irish Independent,*
Déardaoin, 5 Bealtaine 1921, lch 5)

DEADLY AMBUSHES IN KERRY AND MAYO

Regarding the Tourmakeady ambush, briefly reported in the "Irish Independent" yesterday, it is now stated that 4 policemen were killed and 2 wounded, this being the biggest attack of the description so far in the West.

The attacks were followed by an action in the Partry Mountains, and according to an official report, 12 of the attackers were either killed or wounded and one captured.

TOURMAKEADY ATTACK

FOUR POLICE DEAD; FIGHT IN MOUNTAINS

The biggest ambush recorded from the west took place at Tourmakeady, telegraphs a Mayo correspondent, four policemen being killed and two wounded, the attacks being followed up by a pursuit of all aggressors through the mountains, and resulting in 5 or 6 casualties as between military and others.

It appears that 2 cars, one containing a sergeant and 3 policemen, and a second in which there was a mixed party of soldiers and police, left Ballinrobe, travelling about 300 yards apart, and reaching Tourmakeady.

They came under heavy fire from two points of the road near Hewitt's Hotel and Mitchell's Gates. The first car was allowed through the first party without a shot, and as it ran into the second party the lorry had reached the first.

Fire was opened on them simultaneously, and the 4 occupants of the leading car were killed instantly, namely, **Sergt O'Regan, Const. Power, Const. O'Regan (Driver), Const. Oates**.

BATTLE OVER THE HILLS

The driver was shot through the head, and his car dashed into the wall and was smashed. The other occupants were riddled with bullets, and when the bodies were being removed the driver had still a grip of the steering wheel.

The lorry sustained only two casualties, namely, Constables Flynn and Morrow wounded, and they managed to get back to Ballinrobe for assistance.

In a short time troops poured into the district and gave chase over the hills. **Three or 4 of the fugitives were reported killed, while an officer in charge was wounded in the breast.**

Yesterday further troops arrived and great activity was displayed. Aeroplanes hovered the mountains and there was a round-up on a big-scale.

The ambush following so quickly after the Partry attack has caused much alarm, some people fleeing from their homes.

MILITARY COMMUNIQUE
Military Headquarters, Dublin, announced last evening that: —
"A party of the Border Regt sent out to investigate the ambush on Tues. at Tourmakeady, in which 4 police were killed and 2 wounded, came upon a number of rebels at Partry mountain.
"An action ensued, during which 12 rebels were either killed or wounded. The body of one rebel was recovered and a man armed with a shot-gun was captured. One military officer was severely wounded."

AN CLOCHÁN

(The Irish Independent, Dé hAoine, 18 Márta 1921, lch 5)

TERRIFYING NIGHT IN CONNEMARA

CIVILIAN AND R.I.C. MAN KILLED

BURNING OF HOUSES
Clifden, the native place of Thos. Whelan, one of the six youths executed at Mountjoy Prison on Monday, suffered a terrifying experience on Tuesday night.

After Const. C. O. M. Reynolds was shot dead and Const. Thomas Sweeney seriously wounded, Crown forces were rushed to the scene by special train from Galway.

John J. McDonnell, a young ex sergt-major, was shot dead while, as alleged, attempting to evade arrest, and nine of the principal houses in the town were burned. Residents have fled from the place.

TRAGEDIES & FIRES

CLIFDEN'S AWFUL ORDEAL
The meagre details available of the dreadful events in Clifden on Tuesday night go to show that four members of the R.I.C. were on town duty as usual.

Notwithstanding the feeling aroused by the execution of Thos. Whelan, there was no anticipation of trouble in the hitherto peaceable little town.

At 10 p.m. fire was suddenly opened on the town patrol. Const. Reynolds fell dead and Const. Sweeney was severely wounded.

Const. Reynolds was 30 years of age, and leaves a wife and family. He came to Galway on transfer from Longford 18 months ago, and had been in Dublin two days previously on escort duty.

Immediately the news reached Galway a force of 30 constabulary was rushed to Clifden by a special train at 1 a.m. Dr Sandys and Dr O'Malley were taken on the train to attend Const. Sweeney, whose life, it is thought, can be saved.

BURNINGS AND PANIC
There was considerable activity of Crown forces throughout the district following the shooting, and early in the morning houses from which the police asserted they were fired at were found to be ablaze.

Panic reigned in the town, from which the people fled in terror. Mr. John J. McDonnell, whose dead body was found near an archway in the principal street in the early hours, was an ex-army man who had served as a sergt-major during the war. He is described as a quiet, inoffensive young man.

The hotel owned by his father Mr Alex McDonnell, was burned. It is thought that young McDonnell may have come across the street during the burnings to put out the fires. Other premises reported to have been destroyed include those of:

Mr P. K. Joyce, butcher, Main St;
Mr W. A. Clancy, butcher, do.;
Mr J. M. Lyden, a former Co. Councillor, vintner, general warehouse owner, Market Sq.;
Mr Bartley, tea shop and restaurant, do.;
Mr B. King, do., and Mrs Gordon, next door.

"EVADING ARREST"

The town was reported quiet yesterday.

The Dublin Castle report states that after the attack on the police, "searches were made in the town for the attackers and John J. McDonnell was shot dead whilst attempting to evade arrest."

(The Irish Independent, Dé Sathairn, 19 Márta 1921, lch 5)

STORY OF CLIFDEN'S NIGHT OF TERROR

MAN TAKEN OUT AND WOUNDED

MORE BURNINGS

Further details of the dreadful events in Clifden show that the casualties and the destruction of property were even more serious than at first reported.

Peter Clancy, cousin of John J. McDonnell, the young man shot dead, was taken from his brother's burning house and shot at four times, receiving dangerous wounds.

Const. Sweeney's condition is so precarious that he is not expected to recover. Many houses in the surrounding country as well as in the town, are reported to have been destroyed.

CLIFDEN'S AGONY

SIXTEEN HOUSES BURNED

Dead – Const. Reynolds, Mr J. J. McDonnell
Wounded – Const. Sweeney, Mr P. Clancy

Little hope is entertained of the recovery of Const. Sweeney, shot at Clifden on Wednesday night, who had his right leg amputated above the thigh at St. Bride's Home, Galway, yesterday.

A native of Aughrim, he had served in the London police and joined the Irish Guards on the outbreak of war. He entered the R.I.C. on demobilisation. In Wed. night's attack he received two bullet wounds in the right leg, another in the left leg, and a bullet of small calibre in the face.

Const. Reynolds (killed), was a native of Longford, and leaves a wife and one child. The remains are being removed to Longford for interment. From a fuller story of the attack it appears four policemen were approaching the Market Sq., two walking on the footway on each side of the street.

THE ATTACK

When Constables Reynolds and Sweeney came as far as the corner at Mr E. J. King's shop a number of young men, variously estimated at from 5 to 9, approached and opened fire.

Const. Reynolds received bullets in the heart, breast and head, but appears to have been able to draw his revolver, although he never used it, and to have staggered some distance before he died.

Const. Sweeney also drew his revolver and collapsed. Immediately the attackers rushed towards the two police on the other side, but the latter retreated towards the barracks, hardly 200 yards away, discharging their revolvers as they went.

Securing reinforcements, they returned, but the attackers had disappeared.

It is difficult to get a reliable account of the subsequent events, but the allegation by the police that they were fired at from houses is denied. It is clear, however, that there was firing at intervals in the streets. According to some accounts the R.I.C. barracks were attacked, but there is no definite information to sustain this statement.

THROUGH WIRELESS STATION

The wires being out, the police were unable to telegraph to Galway for reinforcements, but a wireless message was got through, with the result that a special train with police was despatched from Galway at 12.20 a.m., armed men accompanying the guard and driver. Meanwhile military proceeded by road.

By 6 a.m., at least nine houses in Clifden were in flames. Many of the inhabitants knew nothing of the tragedies, but intermittent explosions, flames illuminating the countryside for miles around, and occasional bursts of musketry fire warned them that something dreadful was afoot.

It was stated yesterday it was while endeavouring to make his way to the police station to secure assistance to put out the fire in his father's hotel that Mr John J. McDonnell was shot dead. Mr Peter Clancy, who was wounded by a revolver bullet, was conveyed in a military lorry to Galway along with Const. Sweeney.

PRIEST'S EMOTION

When St Patrick's Day broke over the little town few ventured abroad. Some women who went to Mass at St Joseph's Church were seen to be weeping. Mgr McAlpine P.P. V.G., was so overcome with emotion that he was able to say only a few words. He really did not know what he could say,

he remarked, in view of the devil's work that had gone on, and advised the people to be calm and to pray.

An onlooker declared the scene during the early morning was indescribable.

Some houses also appear to have been burned in the country districts, the number destroyed being now put at 16.

PUT UP AGAINST A WALL

Crown forces rounded up all the young men in the district. Mr Clancy, interviewed at Galway county hospital, said he served 11 years in the R.I.C., retiring in 1911. He lived in the shop owned by his brother Patk. The shop of another brother, Wm A. Clancy, is among those burned. Young McDonnell was his cousin.

"I was unaware that anything had happened," said Mr Clancy, "until I heard firing and bomb explosions, about 6 a.m. The shop was set on fire with petrol, and myself and my wife retired to the back. I was coming down towards the burning shop when 2 men came in, followed by a third carrying a revolver. They took me out to the back. I did not consider myself in danger, for I thought it was only a search.

"They placed me against the wall, told me to put up my hands. I did so. The man with the revolver told me to go down on my knees. When I had knelt down 4 shots were fired at me at close range.

TWICE WOUNDED

"One bullet struck me at the back of the ear, and went right through to the same position on the other side. Another wounded me on the chin in front. The third just grazed my teeth. The fourth missed. They left me in the yard. I staggered in to my wife, told her I was shot, and to get a priest."

A few minutes afterwards Drs O'Malley, Sandys and Casey were brought to the door, and Father Kelly came across, he added. Although Mr Clancy is spitting up blood, his recovery is expected. Houses were still smouldering in Clifden yesterday.

(An Curadh Connachtach/
The Connacht Tribune, Dé Sathairn,
19 Márta 1921, lch 5)

DOUBLE TRAGEDY

CONSTABLE AND YOUNG MAN SHOT DEAD IN CLIFDEN

SECOND CONSTABLE SERIOUSLY WOUNDED

Houses Fired Following the Shooting.

Galway, Thursday

Constable Cornelius Reynolds was shot dead while on patrol duty in Clifden at 10 p.m. on Wednesday night, and Constable Thomas Sweeney was seriously wounded. Subsequently, a young man named John J. McDonnell was shot dead while, as alleged, attempting to escape from the custody of Crown forces which were rushed to the district by special train. Houses from which it is asserted shots were discharged at the police were set on fire and are still burning.

The full story of the shooting has not yet been received, but it would appear that four members of the R.I.C. were on town duty as usual on Wednesday night. Notwithstanding that feeling had been aroused by the execution of Thomas Whelan, there was no anticipation of any trouble, and the little town was as peaceable as usual. At 10 p.m. fire was suddenly opened on the town patrol. Constable Reynolds fell dead, and Constable Sweeney fell severely wounded. Constable Reynolds was thirty years of age and leaves a wife and family. He came to County Galway on transfer from Longford about a year and a half ago, and had been in the City from Clifden two days ago on escort duty. He was a fine specimen of manhood, and was very popular amongst his comrades.

Immediately the news of the fatal affray had reached Galway, a force of thirty constabulary was rushed to Clifden by a special train from Galway which left at 12.30 a.m. Dr Sandys and Dr O'Malley were taken on the train to attend Const. Sweeney, whose life it is thought, can be saved.

Military reinforcements, which travelled by road, arrived in Clifden before the police.

It was in the early hours of this morning that the tragedy by which McDonnell lost his life took place. There was considerable activity of Crown forces throughout the district following the shooting, and early this morning houses from which the police allege they were fired at were found ablaze. It is understood that they are still burning.

NINE HOUSES BURNED

PANIC IN THE TOWN LAST NIGHT

Later

Following the shooting of Constable Reynolds and the wounding of Constable Sweeney at Clifden last night, panic reigned in the town and nine of the principal houses were burned. Mr. John J. McDonnell, whose dead body was found in an archway near the principal streets in the early hours of this morning, was an ex-army man who had served as a sergeant-major during the war. He is described as a quiet, inoffensive young man. The hotel owned by his father, Mr

Alex. McDonnell, has been burned. It is thought that young McDonnell may have come across the street during the burning to aid in putting out the fire, when he was shot.

The following houses are reported to have been burned: Mr P. K. Joyce, butcher, Main-street; Mr W. A. Clancy, butcher, do; Mr John M. Lydon, a former county councillor, publican and general warehouse, Market-square; Mrs Bartley, teashop and restaurant, Market-street; Mr Bartley King, Market-square, and Gordon, next door.

The people fled from the town in panic. It is reported that all is quiet this afternoon.

This is the first time within living memory that blood has been shed in the peaceable capital of Connemara.

(An Curadh Connachtach/The Connacht Tribune, Dé Sathairn, 26 Márta 1921, lch 5 agus lch 8)

DEATH AND DESTRUCTION IN CLIFDEN

BURNINGS FOLLOW BLOODSHED IN HITHERTO PEACEABLE TOWN

A NIGHT OF TERROR

GRAPHIC STORIES BY WITNESSES OF TRAGEDY

AFFECTING FUNERAL SCENES

Monsignor McAlpine on the Shootings

A visit of the special representative of the "Tribune" to Clifden on Saturday shed new light on the tragedies of St Patrick's Eve by which two policemen and a civilian lost their lives and one civilian was dangerously wounded.

St. Patrick's Day was a day of terror for the little town with its nine hundred inhabitants, in which within the memory of the oldest of them no blood had been shed. When morning broke the dead body of Mr John Joseph McDonnell lay at the archway near the ruins of his house. Flames licked the gaping walls of fifteen other houses.

Monsignor McAlpine, the venerable and venerated pastor, moved about in cassock and biretta in a vain effort to quell the passions that the shootings had inspired. He was ordered off the streets at rifle point, but an Irish policeman came forward in his defence. Three hundred refugees huddled in the workhouse buildings. Many people fled the town.

A cruiser bore into the Bay and at night her searchlights played on the still smouldering ruins and the surrounding hills. The hush of death fell upon the little community – and the two coffins lay under the shadow of the sanctuary lamp in St Joseph's Church. Occasionally the waspish buzz of a rifle bullet reacted on hearts that ached dully from an agony that will long remain a scorching memory.

Friday and Saturday eyes that had not known sleep since Wednesday night, but that no longer wept, followed two coffins on their journey to their last resting place.

A PEN PICTURE OF THE TOWN

In the train which brought me to the capital of Connemara (writes our correspondent) only women travelled – women and one or two old men going to the market to lay in supplies for Holy Week.

"You cannot get anything in Clifden to-day; all the shops are burned down," said an all-knowing young lady to the marketers at the next station to the scene of the tragedy.

"God is good and all cannot be so bad," was the philosophic reply of the old lady in the homespun shawl, as she went steadfastly on her way to do her business.

The spring sunshine flickered wanly on the town, giving an uncanny appearance to the black and ghost-like ruins. Ironical legends in white, painted overnight under the shadow of the March moon, leered at me from the walls. "Clifden will remember, and so will the R.I.C.," blatantly proclaimed block capitals on the corner of King's, within a few yards from the spot where a thin screen of gravel mercifully hid the blood that marked the tragedy.

"Shoot another member of the R.I.C. and up goes the town," said another of the many notices; and the gaping holes that marred the pleasant streets told their own tale.

THE STORY OF THE ATTACK

The visit to Clifden confirmed the reports that sixteen houses had been burned, and threw additional light on the tragedy and subsequent events. Inquiries leave no doubt that no attack was made on the police barracks, nor is it likely that any was contemplated. It would seem equally clear that shots were not fired from any houses in the town.

The story of the attack as related by the survivors is as follows:- Constable Reynolds armed with a revolver and a pouch of ammunition, was in charge of the patrol of four men who had been sent out early in order that they might return early. He took the left side of the street accompanied by Constable Sweeney, who was only twenty-two years of age, and who was armed with a service rifle and fifty rounds of ·303 ammunition. The two other constables who walked on the Railway Hotel side of the street were armed

with a rifle and a shot-gun, respectively. As Reynolds and his comrade were about to emerge into Market Square, at what is known as "Eddy King's corner," they were approached by men wearing trench coats. Clifden being a town of peace where they lived on good terms with the people all, unsuspectingly they walked on, until shots rang out and both fell. The police on the other side of the street opened fire, and claim that they wounded one of the attackers, as traces of blood were afterwards found in the square. They retreated towards the barracks, firing as they went. Fire was opened from two sides of the square, as if the attackers were supported by others who remained in the shadow of the houses on the other side of the street.

Of the garrison of a score of men, nearly half were absent at Galway Assizes. The remainder turned out under the head-constable, and, having cleared the streets and laneways with rifle-fire, recovered the bodies of their dead and wounded comrades whose arms and ammunition were missing.

It is stated that a few minutes before ten o'clock people were warned to clear off the streets by four young men in trench coats, who carried revolvers.

A member of the constabulary, who was at his home, could not return to the barracks until the firing had ceased. When he reached the station about ten minutes past ten the bodies of his comrades had been taken in.

DEAD CONSTABLE'S STATEMENT

In a statement made before he became unconscious, Constable Sweeney said that they did not suspect the men approaching them, who fired into them with revolvers at a distance of a few yards. As he lay on the ground, two men came towards him and took his rifle and bandolier of ammunition. His comrades on the other side of the street opened fire, and one of the men shouted "Get out of this at once." They then ran off and he lay bleeding on the ground until he was rescued. This was probably responsible for the development of gas gangrene in his leg.

Colonel Hackett, who was staying at the Railway Hotel, Clifden, of which he is proprietor, was a witness to the tragedy. Hearing shots he switched off the lights and came to the bay windows. It was a clear moonlit night, and he saw the two bodies lying at the corner of the square, and two men in trench coats came forward and stooped down towards them. Immediately there was a burst of fire from under the hotel windows, and the men ran away, disappearing down the street off the square. A few minutes afterwards two men and two girls passed the bodies and made for their houses. Although some people were said to have been warned, a number were moving about as usual up to the time the tragedy occurred.

The police endeavoured to telegraph to Galway for reinforcements, but found that the wires had been cut. A wireless message was, however, got through, and at 12.20 on Thursday morning thirty police departed for the scene on a special train, armed men accompanying the driver and guard. Meanwhile, military proceeded by road; and Dr Sandys and Surgeon O'Malley, who had been summoned by telephone left in Dr Sandys's motor after two a.m. arriving in Clifden at six.

Most of the inhabitants remained in ignorance of the tragedies of the previous night until the following morning: but intermittent explosions, flames that illuminated the countryside for miles and occasional bursts of musketry fire, warned them that something dreadful was afoot. Many of them remained huddled in terror in their back rooms throughout the night, their agonising vigil and prayers being broken by the shooting. There were a few people on the streets at the time of the tragedy. When St. Patrick's Day broke over the town, Crown forces held the streets. No others ventured abroad. The four women who went to Mass at St. Joseph's Church were seen to be weeping.

"HELL LET LOOSE"

No one in Clifden slept throughout the night owing to the shooting and bombing at intervals, and in the early hours of the morning the fires started. On St Patrick's night 300 refugees sought shelter in Clifden workhouse, where they remained throughout the night, and for two days few civilians ventured abroad. Many were preparing to leave the town on Saturday afternoon, fearing further reprisals following the death of Constable Sweeney.

A state of unexampled terror prevailed following the shooting and the arrival of reinforcements.

"I could not describe it otherwise than as hell let loose," said Monsignor McAlpine in a graphic narrative of his experiences. "At 10.30 I was in bed, when a knock came to the door. The housekeeper answered, and hearing the word 'Police,' she called me. Without dressing, I came down. The knocking had become more imperative. On being told that two men had been shot, I dressed hurriedly, went to the barracks and found the two men on the floor. The body of poor Reynolds was still warm, and I gave him conditional absolution, anointing Sweeney. Accompanied by six police, I went for Dr Casey and we got Sweeney into the workhouse hospital, where they made him as comfortable as possible. I returned at half-past twelve, but there was no sleep that night, shots and bomb explosions ushering in the national festival.

"Towards six o'clock there was another knock, and one of my parishioners said to me 'For God's sake, Canon, come down; the town's ablaze.' I went down to see if I could save anything of poor Clifden. The flames were then far advanced. Willie Clancy's was burning. Alec MacDonnell's hotel was reduced to ashes. Crown forces were up and down the street. No one else dared venture abroad. I went round the Square and found that Mr John M. Lydon's and Mr Bartley King's were burning, and they were engaged in setting fire to Mr M. A. Manning's public-house and Mrs Bartley's restaurant. I went forward and took out my watch. One of the men who was firing the houses came towards me and demanded 'What brings you here?' I said, 'This is sad work on such a feast day as this. I am awfully sorry for the whole business.' He replied 'You get away out of here. We do not want your sort here.' I came down towards the barracks, and was speaking to one of the police, when the same man came towards me again, and said 'You are here again. I will give you while I am counting four, and if you are not out of it by that time you will never get out of it.' At the same time he pointed his rifle at my breast. One of the Irish police interfered, and said, 'The Monsignor is a good man and a good priest.'"

The Monsignor added: "While I am heartily sorry for Constable Reynolds's murder and for the death of Constable Sweeney, it is the reverse of the truth to say that from houses burned here by Crown forces shots were discharged beforehand."

THE HOUSES BURNED

Many people remained in their houses until they were forced out by the flames. In all, seventeen houses were injured by fire, sixteen being burned out. Windows were broken in other houses, through which bullets came. In most cases nothing but the blackened walls remain. A number of small private houses were involved. A rough estimate places the damage at £70,000.

The following is the ascertained list of houses burned and destroyed, with a rough estimate of their value:-

Mr John M. Lyden's grocery, bakery and bar...£10,250

The house next door owned by Misses King, in which Mr Bertie King lives...£2,500

Mr Alec Mac Donnell's hotel...£6,000

Claim for his son's death...£3,000

Two houses in Market Hill belonging to Mr Alec Higgins, in which his two sisters, the Misses Higgins, school teachers, lived...£800

Miss Higgins lost...£200

William A. Clancy's licensed house and premises, with the stable adjoining. A horse and two cows were burned to death in this fire...£10,000

Patrick Clancy, his brother, front portion of shop damaged and goods taken...£500

Peter Clancy shot and wounded in the back yard of Patrick Clancy's house...£3,000

Mrs Bartley's restaurant and the house next door...£2,000

Patrick K. Joyce, butcher, house and furniture...£2,500

Mrs M. T. Manning, licensed premises, the Archway...£10,250

Bartley King, draper...£7,000

Peter Clancy, shot at and seriously wounded...£3,000

Jas Guilfoyle, a private house about half-a-mile west of the town...£1,200

Mrs Matthew Joyce, bootmakers, half-a-mile outside the town...£1,000

Tom Senior, weaver, a small corrugated-iron roofed house outside the town ...£300

John Hehir...£650
Gerald Stanley...£650
Patrick King...£110
Mrs Reynolds and reps of Constable Sweeney...about £7,000

Only the front portion of Mr Patrick Clancy's was burned, but the shop was wrecked. It is stated that the men who came to burn the place refrained when they heard that a clergyman was upstairs anointing Peter Clancy, who had just been wounded. The house in which Thomas Whelan's parents had lived was visited and a search was made for his brother, whose photograph was seized. It is stated that the house was not fired because it contained Whelan's grandfather, an old age pensioner, his father, and seven children.

THE DEATH OF J. J. MacDONNELL

One of the most pathetic figures in Clifden on Saturday was the bereaved father, Mr Alec MacDonnell. Nothing but the bare walls of the well-known hotel, where Connemara marble ornaments were sold to visitors, remains. It is difficult to get at the exact facts regarding the death of his son, John Joseph MacDonnell, who served in the war and was promoted sergeant-major on the field. It would appear that the boy was in the house of Mr A. Higgins, a relative, which is situated in a laneway at the back of the hotel. Both the hotel and Higgins's house were set on fire, and a search was made for Higgins, but he was not found. One version says that young MacDonnell was taken out and beaten before the final tragedy occurred. Another, that he came through the archway and was called upon to halt, but ran and was fired at. His dead body lay near the archway for several hours. The father is distracted with grief.

Miss Higgins, a national teacher, had drawn out £200 which represented her entire savings, the previous day for the purpose of investing the money. When Higgins's was fired she begged to be permitted to recover the money. Crown forces went in to get the cash box, but the money was in ashes.

(Continued on Page Eight)
****

Clifden Destruction
(Continued from Page Five)
Another old lady became demented, and struggled to get into her dwelling. It was all she had in the world, she said. She had to be held back from the flames.

CONSTABLE SWEENEY'S DEATH

The number of deaths arising out of the Clifden tragedy increased to three on Saturday, Constable Thomas Sweeney having died at St Bride's Home, Galway, following the amputation of his leg. Constable Sweeney had his right leg amputated above the thigh on Friday. A native of Aughrim, County Galway, Sweeney had served in the London Metropolitan Police, and joined the Irish Guards on the outbreak of war. He was slightly wounded in the war, and joined the R.I.C. upon demobilisation. He had received two bullet wounds in the right leg and gas gangrene set in, rendering amputation imperative. He also received a bullet wound in the left leg, and a bullet of small calibre struck him in the face.

On Friday the remains of Mr John Joseph MacDonnell were interred at Ardbear cemetery, Clifden. The aged father, whose hotel has been burned, and who is left without a home, was a pathetic figure at the funeral. The remains of Constable Reynolds were subsequently taken to St Joseph's Church, Clifden, where they remained overnight.

THE MONSIGNOR'S CONDEMNATION

Speaking at the evening devotions on Friday, Right Rev. Monsignor McAlpine, P.P., V.G., deplored the shocking tragedies and happenings, which had interfered with their novenas in honour of St Joseph and St Patrick, which were held in order that peace might come to this distracted land.

"I never for a moment thought," continued the Monsignor, "that I could witness such calculated or such terrible scenes in Catholic Ireland. My heart goes out in sympathy to the wife of poor Constable Reynolds, whom I knew intimately and who was a splendid type of man — a practical Catholic, an example and a model to all, as harmless and inoffensive as a child. If there was one thing more than another that convinced me that he went before his God, short as was the notice given to him, it is that he was a weekly communicant.

"The crime by which he lost his life was a pure murder — a dastardly murder, just as was the shooting of poor MacDonnell a brutal murder. We have just laid the remains of this innocent boy to rest in Ardbear, nearby the town where no blood has been shed and no violence of this kind known within memory. To-morrow the remains of Constable Reynolds will be taken by the mid-day train to his long [sic] home. I would take it as a favour, and a tribute of respect to a good man's memory, if the people would attend in large numbers at the funeral.

"I have known the Clifden people for twenty years, and I believe, speaking before God's altar, that I am safe in saying that a Clifden man never had anything to say to these murders, [sic] which have brought such suffering and affliction on this peace-loving community. What is more, I believe that the police in Clifden will bear me out in this, because already they have information which leads them to confirm it."

AN AFFECTING SCENE

On Saturday morning the people of Clifden in considerable numbers followed the coffin of Constable Reynolds from St. Joseph's Church, to the railway station, and a large wreath sent by the townspeople accompanied those sent from District-Inspector Barry and the dead constable's comrades.

There was an affecting scene at Galway where the two coffins met. Accompanied by the band of the 17th Lancers, with muffled drums, the coffin of Constable Sweeney, covered with the Union Jack, was conveyed to the station in a police lorry. The remains were accompanied by Rev. J. T. O'Kelly, P.P., and the father of deceased, whose face was swollen from weeping. When Mrs Reynolds met the second coffin, she collapsed, and had to be carried to a railway carriage, where she and the aged father of Sweeney merged their grief.

A company of Auxiliaries, and a large body of R.I.C., under the Divisional Commissioner, together with a considerable number of townspeople, accompanied the remains of Constable Sweeney to the station. The band rendered a mournful dirge. All shops were asked to close during the passage of the funeral, and a number of country people who had come in to market, lined the streets. Those who did not uncover as the coffin passed were compelled to do so, and in some instances struck on the head and shoulders with canes. One or two men had their heads dressed subsequently.

The remains of Constable Sweeney were taken to Aughrim, County Galway, for interment, those of constable Reynolds being conveyed to Kenagh, Co. Longford.

MR PETER CLANCY'S TERRIBLE EXPERIENCES

Mr Peter Clancy, although he found some difficulty in speaking, gave an interview at the County Hospital on Friday afternoon. He said that he had served for eleven years in the R.I.C., retiring in 1911, and returning to Clifden, where he lived in the shop owned by his brother, Patrick. The shop owned by another brother, William A. Clancy, was burned on the night of the tragedies, and young MacDonnell, who was shot dead, was his cousin.

"I was unaware that anything had happened on St Patrick's eve," said Mr. Clancy, "until I heard firing and bomb explosions. About three o'clock in the morning the shop was set on fire with petrol, and myself and my wife retired to the back. When dawn broke, I was coming towards the burning shop, when two men came in, followed by a third carrying a revolver. They took me out to the back. I did not consider myself in danger at the time, as I thought it was only a search. They placed me against the wall, told me to put up my hands. I did so. The man with the revolver told me to go down on my knees. When I knelt down, four shots were fired at me at close range. One bullet struck me at the back of the ear behind and went right through to the same position on the other side. Another wounded me on the chin in front. The third just grazed my teeth. The fourth missed. They left me in the yard. I staggered into my wife, told her I was shot, to get a priest. A few minutes afterwards Doctors O'Malley, Sandys and Clancy were brought to the door, and Fr Kelly came across. They had me taken into Galway on the military lorry with Constable Sweeney."

THE FUNERAL AT BALLINASLOE

The funeral of Constable Sweeney, shot at Clifden, passed through Ballinasloe on Saturday en route for Aughrim where the remains were to be interred. All the business houses were closed by order of the R.I.C., and the band of the Royal Dragoons preceded the cortege, playing the Dead March in Saul. There was a large attendance of the general public.

CALLA SINN FEIN HALL BURNED

There is great activity in the surrounding districts, Auxiliaries making a diligent search for "wanted men". On Tuesday they burned the Sinn Fein Hall in Calla, seven miles south from Clifden. They endeavoured to put the Clifden people at their ease, assuring them of protection, and advising resumption of business as usual.

MILITARY INQUIRY
SURVIVORS' STORIES OF THE
SHOOTINGS

Evidence on the Shooting of MacDonnell

A military inquiry into the circumstances that led to the death of Constable Charles Reynolds, shot dead at Clifden on the night of March 16; Constable Thomas Sweeney, shot on the same occasion, who has since died of wounds, and John Joseph MacDonnell, shot on March 17 at Clifden also, was held at Eglinton-street police station on Wednesday.

A medical officer swore that he was called out by two policemen to attend to a wounded constable about 10.30 p.m. on the night of March 16. They told him that one constable was shot dead and another wounded. He went immediately to the police barracks, and on arriving there, Constable Reynolds was dead and Constable Sweeney was suffering from hemorrhage [sic] and shock. Reynolds had a large bullet wound on the left side of the forehead and two wounds on the left side of his face, a wound in his left chest, and another in his left hand. In his opinion they were all caused by revolver bullets. There was no sign of scorching on the clothing, but it appeared that he was fired at from close range. He was probably dead a half hour when witness saw him. He considered that his death was caused by gunshot wounds.

Constable Sweeney had a bullet wound through the upper part of the right thigh, which went through and caused hemorrhage [sic]. He had a wound through the upper part of the left thigh, and another wound on the left leg. He bandaged him up, afresh, and he was removed to Galway, about 11 a.m. on the 17th inst.

A police head-constable swore that on the night of March 16 at Clifden, about 7.30 p.m. he sent out a patrol of four constables into the town. He visited the patrol at 9.30 with another constable. He returned to barracks about 9.35, and about 9.55 a policeman remarked to him that he thought he heard revolver shots up the town. Witness listened and also heard the shots. Immediately a knock came to the barrack door. The orderly opened the door and two of the constables who were on patrol entered and stated that the other two constables were shot at King's corner. He ordered all the available men out into town at once with rifles and ammunition. They went out and remained at the barrack corner for a few minutes. They then went to King's corner and found Constable Reynold's lying dead on the footpath. As they were approaching the bodies they saw a few civilians run away when they saw the police. The two constables were brought to the barracks and the doctor and priest were sent for.

A police constable swore that he was on patrol duty at Clifden on the night in question in company with three other constables. The patrol remained together until about 9.40, when he and another constable went around King's corner, while two other members of the patrol were on the street. They were standing there a few minutes when he heard a volley of shots. Witness and his comrade took cover in the market houses, and three civilians passed them running in the direction of the quay, and firing on them at the same time. During this time he saw Constable Sweeney fell. They followed the three men about 200 yards towards the town hall, where they lost sight of them. They then returned to King's corner and found the two constables lying on the road. Constable Reynolds was dead and Constable Sweeney was unconscious. They ran to the barracks immediately for assistance. He believed that seven civilians took part in the attack, one party firing from the direction of the Railway Hotel. None of the civilians approached from witness's side during the attack.

A second constable swore that on the night of March 16, at 7.30, at Clifden, he took up patrol duty, accompanied by three other constables. They were all standing at King's corner, on the Railway Hotel side of the road, approaching ten o'clock. He with another constable went around the corner as was usually done. About five minutes after this, very rapid firing broke out from Keogh's corner, and from the other side of the street. He saw one flash, and immediately rushed into view of the assailants. They ran towards the weighhouse to take cover when he saw three men making off towards the Beach road, and fired at them. They were about sixty yards off. The moon was up but weak, and he could distinguish that they were wearing civilian clothes. They followed them for about two or three hundred yards towards the town hall, where they got lost to view. On their return towards King's corner they saw about four more civilians and fired at them. Those took flight down through MacDonnell's archway which has an egress in Market-st. They followed them up the archway, and lost sight of them there. They then returned, and saw the other two constables lying on the pavement. Constable Reynolds was dead, and Constable Sweeney was wounded. They returned to the barracks to get help.

Another medical officer swore that he saw Constable Sweeney (in) Clifden hospital on March 17. He examined him and found in his right hip an entrance wound on the outside. In his left thigh he had a wound on the inside and outside. Witness believed the wound on the right thigh was caused by a revolver. Deceased was suffering from hemorrhage [sic] and shock, and was practically in a collapsed condition. He was removed to St Bride's hospital, Galway, on the afternoon of March 17. Next day he developed gas gangrene, and the leg had to be amputated. He died of shock and hemorrhage [sic] at 7 p.m. on March 18.

MR MACDONNELL'S DEATH

The first medical witness, recalled, swore that as he was going along the street at Clifden on the morning of March 17 he saw the dead body of John Joseph MacDonnell lying on the footpath outside the shop of Mr Michael Ward. He looked at him and he appeared to have been shot through the back of the head. He was fully dressed, and was lying on his back. The remains were removed to the chapel in the afternoon, and buried next day.

Another witness swore that he was sent out from Galway on the morning of March 17 when he left by train with a party of R.I.C. for Clifden, where, they heard a party of police had been ambushed. They arrived at Clifden at about 4 a.m. At about 5.15 a.m. he came around King's corner into the main street with four constables. As they turned the corner they saw a man leave a house on the left-hand side of the road about thirty yards away. They shouted at him to halt, and he immediately ran off down the street. They again shouted at him to halt, but he took no notice. Two constables then fired, but apparently missed him. He ran across the road, and as he came level with the passage on the right-hand side, about 100 yards away from King's corner, a shot, apparently from a revolver, was fired at close range obviously from the entrance to the passage. MacDonnell fell on the footway. When they reached him they found he was dead, with a bullet wound in the head. They found no trace of the person who fired the shot from the passage although a search was made by witness and others.

The verdict will be announced.

(*The Freeman's Journal* , Dé Sathairn, 26 Márta 1921, lch 5)

BURNINGS IN CONNEMARA

Terrorism in Clifden Follows Shooting of Two Policemen

HOW A CIVILIAN WAS KILLED

Monsignor MacAlpine Denies Shots Were Fired from Town Houses

Sixteen houses are stated to have been burned as the "reprisal" which followed the shooting of two policemen in Clifden, Co. Galway, on Wednesday night.

It was alleged by police that shots were fired from houses in the town, but this is categorically denied by Monsignor MacAlpine, the Parish Priest of Clifden.

It was stated in the early reports that Mr John J. MacDonnell, son of a hotel proprietor, was shot dead in attempting to evade arrest.

It is now stated that Mr MacDonnell, who held the rank of sergeant-major in the British Army during the war, was on the way to the police barrack to get assistance in putting out the fire in his father's premises when he was fired upon.

One of the victims of the [?], Mr Clancy, who is in hospital in Galway, is a former member of the Royal Irish Constabulary.

SIXTEEN HOUSES REPORTED BURNED

In the report which appeared yesterday of the shooting of Constable Reynolds, a member of a police patrol, in Clifden, Connemara, on Wednesday night, it was stated that "several houses from which, it is alleged, shots were discharged, were burned subsequently."

In reference to this, the following telegram, over the signature of the Right Rev. Mgr MacAlpine, P.P., V.G., Clifden, was received last evening:-
"While heartily sorry for Constable Reynolds's murder, it is the reverse of the truth to say that from houses burned yesterday here by Crown forces shots were discharged beforehand."

From our Clifden correspondent we have also received a telegram which states that "No shots were fired from houses at crown forces as reported."

(Is ionann, a bheag nó a mhór, an chuid eile den tuairisc seo agus na tuairiscí eile; dá bhrí sin, níltear á tabhairt anseo.)

AN LUÍOCHÁN I SCRÍB

(An Curadh Connachtach/ The Connacht Tribune, 9 Aibreán 1921, lch 5)

SHOT FROM THICKET

SENSATIONAL STORY OF SCREEBE AMBUSH

CONSTABLE WOUNDED

SERGEANT AND ANOTHER CONSTABLE CAPTURED, DISARMED AND RELEASED

£25 OLD AGE PENSION MONEY TAKEN

Five Houses Reported Burned in the District

Constable Pearson, R.I.C., Maam, Connemara, was shot through the right lung and liver during an ambush in Screebe at four o'clock on Wednesday afternoon.

He was one of a cycling party of six policemen who left Maam at one p.m. for the purpose of serving jurors' notices and distributing old age pension money in the Rossmuck district. On their return the sergeant and Constable Feeley were cycling in front, and the four other constables some distance behind. As they approached the little church at Screebe, shots rang out from the thicket. The sergeant immediately rolled off his bicycle, and rolled towards the ditch in the roadside for cover. He was followed immediately by Constable Feeley. Both policemen found themselves in the hands of the ambushers, who secured their revolvers and about twenty-five pounds in money which the sergeant carried.

Almost at the same moment, the four policemen who followed at a distance of 150 yards dismounted, and opened fire with their rifles. Shots were fired in return, and Constable Pearson fell wounded. The four policemen, including the wounded constable, made their way back to Screebe Lodge, near by – where, it will be recalled, Lady Dudley was drowned last summer – taking with them their bicycles and arms.

The sergeant and Constable Feeley were later released uninjured.

Constable Pearson was attended to by Dr Kennedy O'Brien, Oughterard, and subsequently Surgeon Ml O'Malley, Galway, was brought to the scene. He found that the bullet had gone right through the injured man's lung and liver, and passed out at the back. He entertains hopes of his recovery.

REPRISALS
Following the ambush there was considerable activity of Crown forces. Five houses in the district are reported to have been burned. These include a house at the back of the thicket where the ambush took place, and the co-operative store at Camus, about a mile distant. An unconfirmed report states that the house in which Mr Padraic Pearse formerly resided at Turlough, and that of Mr.

Conroy, National Teacher, have also been destroyed by fire.

The district is barren and impoverished, consisting mostly of rocks and fishing lakes, and the thicket at Screebe is practically the only area of woodland in the neighbourhood.

(An Curadh Connachtach/The Connacht Tribune, 16 Aibreán 1921, lch 5)

SCREEBE AMBUSH

MANY HOUSES REDUCED TO ASHES AFTERWARDS

County Councillor's House Destroyed

Our Connemara correspondent, writing in connection with the attack on the six Maam Cross policemen, and the wounding of Constable Pearson at Screebe, on April 6, states that scenes of terror followed. Young and old fled terror-stricken from their homes on the approach of the "war lorries", as they called them. Following the ambush the residence of Mr J. Connolly, N.T., Gurthmore, was set on fire, as was also that of Colum Ó Gaora, chairman of the Oughterard Rural District Council and Galway County Hospital. The lodge which belonged to the late Padraic Mac Piarais met with a similar fate. Mr Mark Geoghegan's house, situated at the back of where the ambush took place, was also burned. The co-operative store at Camus, which was doing good business, and well stocked, was reduced to ashes, and all that could be seen of it on the following day were the four blackened walls. Several people in the neighbourhood were so frightened that they did not come near their homes for some days afterwards.

CATH MHUINTIR EOGHAIN

(An Curadh Connachtach/The Connacht Tribune, Dé Sathairn, 30 Aibreán, 1921)

MOUNTAIN BATTLE

ELEVEN HOURS ENGAGEMENT BETWEEN POLICE AND I.R.A.

SERGEANT SHOT DEAD

SEQUEL TO ATTEMPTED ROUND-UP AT HOUSE OF MR. PADRAIC O MAILLE, T.D.

GRAPHIC STORIES

CONSTABLE WOUNDED DURING RUSH FOR HELP

Priest attends Wounded During Firing

From five a.m. till four p.m., when reinforcements arrived, a fierce battle raged on Saturday at Kilmilkin, five miles beyond Maam, Connemara, on the Leenane road. On the one side was a cycling patrol of fourteen policemen, pinned to the open road, and practically without cover except what some of them managed to secure by lying in a stream; on the other an unknown number of the I.R.A. concealed in prepared positions in the hills fourteen hundred feet above the police, and within three hundred yards' rifle range of them.

Constable John Boylan, R.I.C., a native of County Leitrim, was shot dead a few hours after the fight opened. His last words to his companions were, "I'm hit. They have the range of the road. Do the best you can." He leaves five little children, whose mother died a year ago. Sergeant Hanley received two bullet wounds in the leg. In a dash for reinforcements on the running-board of a motor-car, Constable Ruttledge received a bullet wound in the arm fired from a range of about eight hundred yards.

The patrol left Oughterard at three a.m in motor lorries. Near Leenane, they continued the journey on bicycles to escape observation. Their mission was to search the house of Mr Padraic O Maille, M.P. for Connemara, where a flying column of the I.R.A. was believed, according to the official statement, to be in hiding. Approaching the house about five a.m., they saw smoke issuing from it, and a door open and close. They were cycling in twos twenty yards apart. As they turned off the road to approach the dwelling, which is three hundred yards from the main highway, shots rang out. The leading sergeant hurled himself off his bicycle, and took cover behind a tree-stump, and subsequently behind a small mound of turf. Men fled from O'Malley's house and took up positions that had, it is said, been prepared on the hills at the back.

From here a steady fire was maintained for hours, the police reserving their ammunition and replying whenever the opportunity offered. At noon, Fr Cunningham, the Catholic curate of Leenane, motored into the midst of the fight to succour the police. The Official report alleges that he was fired upon while tending to the wounded. Our Connemara correspondent states that he was allowed to attend to a wounded sergeant. He remained under cover with the police until the end of the fight, and received the thanks of the Divisional Commissioner.

About the same time a motor with a farming party came along, and the driver was held up at rifle point. Jumping on

138

the running-board, Constable Ruttledge commanded him to "drive like h-" for reinforcements. As the car dashed towards Maam, it was fired upon, and it was when it had got a half mile from the scene that Constable Ruttledge received the wound in the arm. He got a message through to Galway. Within an hour-and-a-half, seven lorries, including one of the new armoured pattern[?] with Rolls Royce engine, and Vickers machine gun, had dashed to the scene, but the main body of the I.R.A. had retreated across the hills towards Maamtrasna and Lough Mask, leaving a screen of snipers behind. These opened fire on the armoured cars. When the hills were searched the snipers also had vanished.

Womenfolk only were found in Mr O Maille's house, which was burned to the ground after two rifles, two revolvers, quantities of ammunition, literature, and a priest's collar, which it is believed had been used as a disguise, had been removed. The house of a herd adjoining, from which shots are also alleged to have been fired, was likewise burned.

On Sunday Crown forces invested the hills and moors in which the thinly populated district abounds, but so far there is no news that arrests have been made.

THE FULL STORY

In an eleven hours' fight which took place on Saturday in Maam Valley, Connemara, between a cycle patrol of fourteen constabulary and what the official report describes as a "flying column of the I.R.A.," Constable John Boylan, a native of County Leitrim, was shot dead, and Sergeant Hanley received two bullet wounds in the right leg, while Constable Ruttledge was wounded in the left fore-arm when proceeding for assistance

in a passing motor car some seven hours after the engagement had started.

The police believe that one attacker was killed and two wounded.

The fight opened at dawn, and raged until nearly four p.m. around the house of Mr Padraic O Maille, the member of Dáil Éireann for the constituency of Connemara and Galway City, which were amalgamated under the Redistribution Act. On the one side was a cycling party of fourteen policemen under District-inspector Sugrue, Oughterard: on the other a number of members of the I.R.A., computed by the police at fifty, apparently well-armed and equipped with long-range rifles. The actual number of members of the I.R.A. is unknown. One constable declared that he saw at least seven men running to the hills. Others, it is stated, left by a ladder which was, it is alleged, placed in readiness at the back of the house.

The police set out from Oughterard about three a.m. on Saturday for the purpose of searching the house of Mr Padraic O Maille, at Mounterowen, Kilmilkin. In order to escape detection, they proceeded to the scene on bicycles. Cycling two deep and twenty yards apart, they entered the beautiful valley of Maam, which runs from Maam Cross to Leenane, at break of day. The house of Mr P. O Maille stands three hundred yards from the main road, underneath a range of rock and heather-covered hills. A small stream runs between it and the road, and it is approached by a car-way through the fields which crosses the stream, in which stepping stones are placed.

As the patrol came near, they noticed smoke from the chimney — as if the inhabitants were astir, and the shutting and opening of doors was also observed.

As they were about to enter the sideroad, shots rang out. Sergeant Hanley threw himself from his machine, and took what cover he could find behind the stump of a tree. Here he found the fire so concentrated that he sought the more-ample cover of a rick of turf. He was wounded almost in the first fusillade.

Meanwhile, the assailants were seen leaving the house, and rushing for cover to the hills behind, which command a clear view of the road for a considerable distance. The road is bare and practically without a screen of any kind, and the district is remote and sparsely inhabited. The police took what cover they could find. Some of them remained throughout the fight in the water of the stream.

The I.R.A. forces took up what are described as carefully prepared positions, mostly consisting of low walls and loopholed sod fences about three hundred yards from the road and some thousand feet above the constabulary. Whilst they were getting into position from the house, musketry fire was opened by the police. It is believed that during this time Republican casualties were sustained. The search-party declare that they subsequently found blood-stains on the hills.

The manoeuvre of getting into position was executed with rapidity by the I.R.A. The police then realised that they were practically pinned to the ground, without adequate cover — indeed, some of them had no cover at all except the fold in the ground and without any practical means of retreat open to them, as the road on either side was within view of the attackers. They could only have retired through the open, boggy marsh to the south-west, but while this would have taken them away from the attackers, it would only have brought them to the foothills of the Maamturk mountain.

Accordingly, District-inspector Sugrue called loudly to his men to take what cover they could, conceal their bicycles, if possible, and only act under his instructions, conserving their ammunition, and firing when directed. The patrol was widely separated, and word had to be passed from one pair of men to the other.

SHOWERS AS A FIRE SCREEN

Directly an opportunity offered, a policeman would take aim and fire three or four shots as ordered, and then lie flat on the ground or in the stream. The opposing forces took every precaution to conceal their positions. In this way they were assisted by heavy showers of sleet and rain. Directly a shower would come to obscure the landscape, concentrated fire would be opened from the hills.

"The bullets whizzed all round us like hailstones," said a constable, "and ploughed through the bog and the road, while we lay there inactive, except for an occasional opportunity to fire, knowing that if night came without relief we were doomed. When the rain or hail storm passed, the concentrated fire immediately ceased. Not a puff of smoke was to be seen on the hills to indicate the position of our attackers, who then settled down to sniping until another shower or mist came to act as a natural smoke screen on the mountains above our heads."

After about two hours' fighting, Constable Boylan, who was taking cover behind a low sod fence on the roadside, was hit in the neck. He died almost instantly, his last words to his companion being, "I am done. They have the range of the road exactly. Do the best you can." When he was picked up he had only a single cartridge left.

The constable is a native of County Leitrim, and a widower who leaves five children, the eldest being seven years' old. He was about forty years of age, and had been employed in the district-inspector's office in Oughterard, where he was popular with the people. When the dead body of the father was taken home in the evening, the orphaned children came out, and one of the little ones, not realising what had happened, came forward and said, "That is my daddy's bicycle. Where is daddy?"

Sergeant Hanley was twice wounded during the fight, both bullets entering the right leg, one below the knee, the other in the thigh. So carefully was the road watched, and so close and accurate was the shooting at times that not one of his companions was able to go to his assistance. They could only shout him words of encouragement and cheer occasionally.

During the long hours of the day the police maintained their positions. About noon, Father Cunningham, Catholic curate, Leenane, who heard there were wounded police who wanted assistance, secured a motor car and proceeded to the scene, through the firing. He attended to Sergeant Hanley, subsequently taking cover behind the motor which had conveyed him to Kilmilkin. Father Cunningham remained with the police until reinforcements arrived shortly before four o'clock. He was in a crouched position during that time, and found himself almost unable to stand erect when the Divisional Commissioner came forward to congratulate him, and to thank him for his services to his men.

A statement issued from police head-quarters at Galway on Monday evening said that after Father Cunningham had attended to Sergeant Hanley he made efforts to get over to where the body of Constable Boylan lay, but the firing was too strong. He indicated his hat and collar to the men on the hills, but the shooting did not cease. He then suggested that he should show his handkerchief and pass to where the body lay under this, but the police, fearing that this action might be misconstrued as a surrender of the party, decided against it and shouted to him not to show any white flag.

A DASH FOR ASSISTANCE

The most exciting episode of the ambush was the dash of Constable Ruttledge for reinforcements. About noon, a motor car driven by Mr Francis Joyce, of Leenane, taking three labouring men to a neighbouring farm for fencing, came along the road. Constable Ruttledge, who was half immersed in the water, where he was taking cover, crept forward and held up the motor. Jumping on to the running-board, he commanded Mr Joyce to "Drive like h-." As the motor car bounded forward, a hail of bullets came from the hills, and firing continued as it passed along the road towards Maam. When the car had gone about half-a-mile from the scene of the fighting, Constable Ruttledge was struck in the left forearm by a long range shot. Nevertheless he held on, and got to Maam, where he communicated with police headquarters at Galway.

Interviewed on Sunday at St. Bride's home, Galway, where he is detained as a patient, Constable Ruttledge, who appeared cheery and little the worse of his experience, gave a vivid account of the fight, and of his dash for assistance. He had been in the Screebe ambush a fortnight before, but he had never been in the Kilmilkin district hitherto.

"Our cycling party was armed with rifles and bombs," he said, "and we cycled in twos about twenty yards apart. We saw the smoke issuing from the house at Mounterown, just after dawn. We also saw a door opening and closing, but thought they were only looking out to see if we were going towards them. Had we gone up the boreen, the place would have been a regular shambles, for they would have caught all in the open without cover. When we swung round, and prepared to surround the house, they opened fire, and then rushed to the hills at the back. We were on an open road without the cover of even a decent fence, and in the clear atmosphere, whilst they were high up above us. Our men were very cool in the circumstances. The D.I. behaved splendidly. We acted under his orders throughout. I fired a few shots occasionally by putting my rifle over the bank, and taking aim. Once I saw a man running rapidly towards the shelter of a low wall. Shots were fired, and he fell. Our attackers used ammunition without stint, and they had the range of the road to a nicety. We did not have anything to eat since the early morning and were cold and wet. The long wait seemed an eternity. When the car came along I determined to risk it. The men on the hills evidently spotted what I was about, for I was sniped continuously until I got out of range."

The constable's wound is not serious. He added that Sergeants Hanley and Fleming were about twenty yards below them. He saw the attackers passing too and fro across the hill, and they fired from loopholes, the bullets cutting up the bog behind him. "The shooting," he said , "was like the cackle of a machine-gun."

REINFORCEMENTS ARRIVE

The news of the engagement reached Galway about 2.30 o'clock on Saturday afternoon. Immediately, Mr R. F. Cruise, Divisional Commissioner, got together a force of police and auxiliaries in armoured cars, which included a new fast armoured car with Rolls Royce engine carrying a Vickers machine gun. Before four o'clock, the forty-two miles between Galway and Kilmilkin had been covered.

Flanking parties were rapidly deployed, and fire was opened on the hills from the Vickers' and two Lewis guns. It is believed, however, that the main body of the I.R.A., before the approach of the [?] party, [?] across the mountains in a north-[?] direction towards Deerpark and Lough Mask. Snipers were left behind, and a few shots were fired at the lorries. As an auxiliary went forward to attend to Sergeant Hanley, a bullet whizzed past his head.

It was found that the police were in various positions along the road for a distance of about a hundred yards. While some had little ammunition, others had nearly half of their original supply left. They greeted the reinforcements with a cheer, and as the Divisional Commissioner came amongst them, they came to the salute. After remaining in a cramped position for several hours, many of them were so stiff that they could hardly stand erect.

A search of the mountains was then instituted, and a considerable quantity of expended cartridges was found, together with cigarette butts, and other evidences of occupation, whilst loopholes had been made in the sod fences.

It is reported that in the house of Mr Padraic O Maille two service rifles and two revolvers were found, with a quantity of shot-gun slugs, as large as peas, and a considerable quantity of smaller shot bound together by candle grease. There were also found seventy-five cartridges, twenty-five rounds of revolver ammunition, field glasses, a military and police great coat, a priest's collar and stock, and a considerable quantity of documents, all of which were removed. On the hills at the back of the house were found loopholed positions and snipers' posts. Although a search was made, none of the attackers could be seen.

Subsequently, military and police reinforcements arrived from Ballinrobe and Castlebar. The communications in the northern direction had, it is stated, been cut. An unsuccessful attempt had also been made to destroy a bridge near Leenane. Apparently these operations had been undertaken after the fight had been some hours in progress for the purpose of delaying or preventing the arrival of reinforcements.

A horse which had come within the line of fire was killed instantly. A pig which had been wounded severely was shot by the police subsequently.

When the Crown forces entered Mr. O'Malley's house after the fight they found it occupied by Mrs O'Malley, the wife of Mr Ed. O'Malley, B.E., a brother of the Member for Connemara, her two young children, an old womanservant, and a young girl, aged fifteen, who had been brought from a neighbouring house the previous day to assist.

It was semi-officially stated on Sunday afternoon that the police found at the house and the cottage of a herd nearby, bed and bedding sufficient to accommodate about forty persons, together with ample food supplies, including quantities of bacon.

When they entered Mr O'Malley's house the womenfolk were in terror, and Mrs O'Malley expressed fears for the safety of her children. She was assured that nothing would happen them. The residence and a herd's house near by, from which shots are alleged to have been also fired, were destroyed, the children's clothing, perambulator, etc., having first been removed to a place of safety.

Maam valley is one of the prettiest spots in Connemara, and runs from Maam Cross to Leenane, a distance of about fifteen miles. Kilmilkin, where the fight took place, is five miles from Maam Cross, and the hills on the right* as you proceed to Leenane, where the attackers were posted, rise fourteen hundred feet above the sea level. Northward of them lies the famous district of Maamtrasna, and still further north are the foothills of the southern range of the Partry Mountains, near where an ambush took place some weeks ago. Clifden is over twenty miles from the scene. The district, which is very thinly populated, consists entirely of mountain, lake and moor.

* Tá seo mícheart; ar clé atá na cnoic a raibh na hÓglaigh orthu.

ANOTHER ACCOUNT

Another "Tribune" correspondent, who interviewed several people in Oughterard, gives the following additional particulars:-
Eight police left Oughterard in their motor lorry accompanied by District-inspector Sugrue on Saturday morning. They were joined at Maam by six others. All then cycled towards Muinntir Eoin House, the residence of Mr Padraic O Maille, T.D. They arrived there between three and four o'clock on Saturday morning. It was then foggy and raining. The sun at that time had not risen. The hills were enshrouded in mist. Wild birds were awaking, and all seemed peace.

When at the valley opposite Mr O Maille's house, "hell," as one constable said, "was suddenly let loose." A hail of bullets came from the hills overlooking the road. The police took cover in a muddy stream close by and opened fire. Sergeant Hanley was the first to get wounded. He managed to get to the back of a turf stack.

After the first volley, Constable Barrett was forced to take cover in a water-table on the roadside. The water was flowing over him for an hour-and-a-half, and the bullets whizzed over his head. The constable's bicycle was drawn across where his head was placed a few inches over the water. The rear wheel and mudguard were pierced in several places right through by the snipers on the mountain, who appeared to have a very accurate range. The constable's head was against a sod, so that it was impossible for a sniper to get at him. After an hour in this position the constable became cramped and cold. He made a dash across the road and under a sod fence, where he reloaded his rifle and fired.

As the rising sun dispelled the grey fog, a hail of bullets still came from the valley, and mountain side which commanded a full view of the road. The fourteen R.I.C. men were still in cover in the drain, and were muddy and dirty, but they kept their rifles aloft and replied vigorously.

After over two hours' fight, a sniper got Constable Boylan, who lay behind a sod fence. One bullet entered near the neck. Two others entered his legs. The dying Constable shouted to Sergeant Gilmartin, who was close by, and who was about to try and come to his assistance, to keep his cover. "Don't stir, sergeant; I am done for. They have got the range." Constable Boylan bled to death and died very soon after he received the bullets in the legs.

Towards midday the men could be seen on the mountain, and one version says that a machine gun was probably used, but the truth of this is doubtful.

One policeman states that two of the I.R.A. were seen to fall.

THE ARRIVAL OF FR CUNNINGHAM
At midday, Father Cunningham, C.C., came on the scene, and had a very narrow escape, and his motor was fired at and pierced. It is said that the I.R.A. must have had powerful field glasses, as the clergyman was subsequently allowed to attend the wounded sergeant, but Constable Boylan was dead in the stream at this time. The priest then took cover himself, and for some time after, fire was opened on each side. Some constabulary

were short of ammunition. Constable Barrett, who had exhausted upwards of one hundred rounds of ammunition, shouted to his nearest companion for more, and to keep up the fire, as the I.R.A. seemed to be getting a range of the stream. It is also stated that some of the R.I.C. were not in a position to reply to the men on the hills.

At about 12.30 p.m., Mr T. F. Joyce, of Leenane, dashed along in his motor car. It is stated that the fire slackened at this stage. Constable Ruttledge, who was in the stream, jumped on to the motor car. He was sighted by a sniper on the mountain, and was struck by a bullet in the left forearm. The front screen glass of the car was broken.

When the auxiliaries arrived, they opened fire with machine guns and immediately proceeded to Mr P. O Maille's house. The I.R.A., the "Tribune" correspondent was informed, replied from a long distance, shooting at the lorries for about fifteen or twenty minutes, but they apparently had [?]. The Crown forces proceeded to Mr O Maille's house while machine guns kept up a deadly fire at their rere, covering the mountains in front of them. Blood traces were found on the mountains.

Our correspondent was also informed that ammunition and some guns were found in the house of Padraic O Maille, together with a quantity of expensive cigars, cigarettes, bandages and linen, and beds sufficient to accommodate forty or fifty people. Another version says that it was in an underground cavern that the beds were found concealed, but nothing definite can be ascertained regarding this.

When the auxiliaries arrived at the house, Mrs E. O'Malley and her two children, a nurse, and maid servant were there. The Crown forces are said to have removed the children and their bedding and clothes, also their mother and nurse and maid servant. They then made a thorough search in the house. Mrs O'Malley was allowed to take her belongings out of the house, after which bombs were placed under its four corners, the roof and flooring, and the premises were destroyed.

Several cattle, sheep and horses are stated to have been shot during the fight. No further trace of the I.R.A. could be found. As to their numbers, one statement says that "there could be upwards of twenty or thirty."

Mr Padraic O Maille's residence was situated in an ideal place, over-looking a vast track of country, and surrounded by very beautiful scenery of mountain, lakes and rivers. There is nothing left now but the four walls. All the sod fences near the road where the R.I.C. were under cover are broken up by the hail of bullets. Even the sand in the stream is scattered on each side. A strange fact is that the shooting drove the black horny sheep to the summit of the highest hill from which they have not returned since. Wild fowl also fled from the quiet valley when the shooting started.

THE OFFICIAL REPORT

A patrol of fourteen R.I.C. constables, under a district-inspector, were cycling at Kilmilkin, five miles from Maam, Co. Galway, searching for an I.R.A. flying column at 4.15 a. m., on Saturday, when fire was opened on them from high ground in the vicinity of the house of Patrick O'Malley, M.P., says a Dublin Castle report of Sunday. The police took the scant cover available, and engaged the rebels, who were in strong numbers and entrenched in very mountainous country. Constable Boylan, who is the father of five young children, was shot dead and a sergeant was wounded twice. A constable was also wounded.

The police maintained their position all day, husbanding their ammunition. Fr Cunningham, C.C., of Leenane, motored to the scene about noon, and, when attending the wounded police, was deliberately fired at by the rebels, and narrowly escaped being wounded or killed. He remained under cover with the police until reinforcements arrived at about 3.30 p.m. Fire was then opened on the attackers with machine guns, and their position was enveloped. The rebels then fled to the mountains, taking their wounded with them. An examination of the scene showed a quantity of blood, and a search of two houses showed ample evidence that these had been used by the rebels for the purpose of the ambush. These were burned to the ground by the police. The telegram added that the pursuit of rebels was being continued.

A further message received at the Castle from Galway at noon on Sunday stated that the police also found at the scene of the ambush: 75 cartridges, some of which were filled with heavy home-made slugs and some with shot, two rifles, two revolvers, 25 rounds of ammunition, a number of pairs of field glasses, bed and bedding for about forty persons, a large quantity of food, elaborately concealed snipers posts on the mountain-side, and many expended rounds of service ammunition. Police and military coats were found in the houses, and a priest's stock and collar, used, as the police have reliable information, by a leader of the rebels as a disguise.

———

SAD FUNERAL SCENES
Oughterard, Monday Evening

The funeral of Constable John Boylan, who was killed in the Kilmilkin fight on Saturday, took place at Oughterard on Monday morning. All houses in the town were shuttered, and a large body of the townspeople accompanied the remains to the cemetery. A pathetic feature was the five orphaned children who are now without mother or father. Two of them are twins, the eldest being only seven.

Constable Boylan's wife died a year ago from the effects of the influenza epidemic. The dead constable was laid out in his house at Camp-st, Oughterard.

At both Masses on Sunday his death was mentioned as being very much regretted. During the day and on Sunday night the people of the town and many from the outlying district visited his house, and prayed for the repose of his soul. The deceased had been stationed at Oughterard for many years, and had made a number of friends there. The interment took place at Oughterard on Monday at noon from his residence. It was understood by many people in the Oughterard parish that the remains would be brought to the church on Monday and interred on Tuesday; nevertheless many came to the funeral.

It was a pathetic night to visit his house on Monday as he lay shrouded in the polished oak coffin which was laid on four chairs in the bedroom. Four of the children clung to the coffin. One was heard to say, "Daddy, why don't you speak to me?" The other replied, "He is asleep yet." The scene moved many to tears. All the shops in Oughterard closed their doors, and did no more business that day. At twelve o'clock Mr R. F. Cruise, Divisional Commissioner, County-inspector Sidley, and District-inspector McGlynn, accompanied by District-inspector Sugrue, Head-constable Casey, ex-Head-constable Noonan, and ex-Sergt Sweeney, followed by fifty of the R.I.C. and auxiliaries, motored to Oughterard, and it was agreed to have the remains interred beside his late wife at Kilcommin

cemetery, Oughterard. His five little orphans were conveyed to the graveside in the County-inspector's motor car. The coffin, which was covered with wreaths, including a beautiful enclosed one sent from the Oughterard R.I.C., was conveyed in a gun-carriage, draped with the Union Jack, and followed by a large concourse of people of all classes.

The Rev. J. Considine, B.A., C.C., assisted by Fr Laine, C.C., officiated at the graveside after which the Last Post was sounded by two trumpeters, and volleys were fired in the air.

(The Irish Independent, Dé Luain, 25 Aibreán, 1921)

ALL-DAY CONFLICT IN CO. GALWAY

THREE CASUALTIES TO POLICE

KILRUSH ATTACK

SOLDIER FATALLY SHOT NEAR CLOGHEEN

TIPPEARARY MAN DEAD

Conflicts with Crown forces during the week-end include seven assaults on barracks and four ambushes.

A fight extending over 12 hours between I.R.A. and R.I.C. took place at Kilmilkin, Connemara, on Saturday. A constable was shot dead, and a sergeant and second constable were wounded.

TWELVE HOURS' FIGHT

CONSTABLE KILLED — TWO OTHERS WOUNDED

Const. John Boylan was shot dead and Sgt Hanley and Const. Ruttledge wounded in an ambush on Saturday morning at Kilmilkin, Connemara.

A cycle patrol of 14 R.I.C. were proceeding through Maam Valley. They had left Oughterard late on Friday night and reached Kilmilkin between 3 and 4 o'clock. Fire was opened on them from high ground, near the house of Mr Padraig O Maille, T.D. for Connemara, at Mount Errow. The police were in charge of District Inspector Sugrue, Oughterard. The attackers are officially estimated at 30.

The police, who were cycling in twos, dropped off their bicycles and took such cover as they could get. The I.R.A. forces on the hills had complete command of the roads, and the police found themselves practically pinned to the ground. Sergt Hanley was wounded in the first volley and managed to get the cover of a turf stack. After about 2 hours' sniping Constable Boylan was shot through the neck as he lay behind the low sod fence, and died almost immediately.

ACCURATE SHOOTING
Sergt Hanley was wounded a second time, both bullets entering the right leg, one below and one above the knee. So accurate was the I.R.A. shooting that none of his comrades could go to his assistance. The police were thus pinned to their position until midday when Rev. C. Cunningham, C.C., Leenane, who had heard there were wounded police who wanted his aid, motored to the place. He found Constable Boylan dead. He then went to Sergt Hanly, and afterwards, taking cover behind the car which had brought him to the scene, he remained with the police until reinforcements arrived about 4 o'c.

DASH FOR REINFORCEMENTS
About noon a motor car driven by Mr Francis Joyce, Leenane, taking three labourers to do some fencing, ran into the ambush. Constable Ruttledge, who was in a small stream, held up the car and jumping on to the running board, commanded Mr. Joyce to "drive like h-l". As the motor went on, a hail of bullets came from the hills, and Const. Ruttledge had travelled about a quarter of a mile when he was struck in the left forearm by a long-range bullet. He held on to the car and got to Maam, whence he communicated with the police headquarters at Galway. His wound is not serious.

REINFORCEMENTS
When the news reached Galway about 2.30 p.m., Mr C. F. Cruise, Divisional Commissioner assembled reinforcements of R.I.C. and Auxiliaries, with a fast armoured car. The distance from Galway to Kilmilkin is 35 miles, and this was covered by 4 o'clock. On arrival at Kilmilkin, fire was opened on the hillside with a Maxim and two Lewis guns, but it is believed that the main body of the I.R.A. had gone across the hills towards Inis Mask leaving a few snipers behind. These opened fire on the lorries. A search of the mountains was instituted, but none of the I.R.A. was found.

HOUSES BURNED
In the house of Mr. O Maille, it is said, a quantity of arms and ammunition was found. The house was occupied by Mrs O Maille, sister-in-law of Mr P. O Maille with her two young children, an old woman servant, and a girl aged 15 from a neighbouring house.

The residence and a herd's house nearby were set fire to and destroyed, the children's clothing, perambulator, etc, being first removed.

The district which is very sparsely inhabited and is entirely mountain, moor and lake, was invested by a search party of police and military yesterday.

Const. Boylan was a native of Leitrim and a widower. He leaves 5 children.

Rev. C. Cunningham was warmly thanked by Divisional Commissioner Cruise for his attention to the wounded police.

(The Irish Independent, Dé Máirt, 26 Aibreán, 1921)

THE CONNEMARA BATTLE

FUNERAL OF CONSTABLE BOYLAN
A further statement from police headquarters, Galway, regarding the Kilmilkin battle, declares that after Father Cunningham had attended to Sergeant Hanley, R.I.C., he made efforts to get to the body of Constable Boylan, but the firing was too intense.

"He indicated his hat and collar to the assailants, but," the statement says, "the shooting did not cease. He then suggested that he should show his handkerchief and pass under this, to where the body lay. The police, fearing that his action might be misconstrued as a surrender, decided against and shouted to him not to show any white flag."

Constable Boylan was buried yesterday at Oughterard. All shops were shuttered, and townspeople joined in the cortege to the cemetery. Pathetic figures were deceased's five children, now without father or mother, the eldest of whom is only 7. The gun carriage was escorted by a considerable body of police, who fired over the grave after the sounding of the Last Post.

(Na tuairiscí thuas arna bhfoilsiú le caoinchead Leabharlann Náisiúnta na hÉireann, An Curadh Connachtach, agus The Irish Independent.)

Innéacs